KB197274

공원에서 빨리 달리는 것을 좋아하는
샘과 달팽이와 친구가 된
윌리엄을 위해
– 로라 놀스

조니에게…
– 레베카 기번

많은 정보와 도움을 준 캐일린 갠스에게 깊은 고마움을 전합니다.
그는 환경 교육, 자연 놀이 기반 교육 분야의 실천가이자 스승이며
Forestschooled.com의 설립자이기도 합니다.

자연과
친해지는 법을
찾아서

로라 놀스 · 글

어린이책 출판 일을 했으며, 자연사와 언어, 예술을 무척 사랑해 동물과 자연에 관한 책을
펴내고 있습니다.
쓴 책으로 《동물들의 놀라운 집 짓기》, 《작은 씨앗이 자라면》, 《동물들의 놀라운 지구 여행기》 등이
있습니다.

레베카 기번 · 그림

그림 다수가 〈뉴요커〉, 〈보그〉, 〈월스트리트 저널〉 등 유명 신문과 잡지에 실렸습니다.
그린 작품으로는 《숲으로 놀러 갈래?》, 《갈래머리 야구 선수》, 《앞장서 걸어간 엘리자베스》 등이 있습니다.

이은경 · 옮김

광운대학교 영문학과를 졸업했으며, 저작권 에이전시에서 에이전트로 근무했습니다.
현재 번역 에이전시 엔터스코리아에서 출판 기획과 전문 번역가로 활동하고 있습니다.
옮긴 책으로는 《멘사퍼즐 아이큐게임》, 《멘사퍼즐 추론게임》, 《수학 올림피아드의 천재들》,
《청소년을 위한 고고학 이야기》, 《도대체 누구 아이디어람?》, 《밤은 천 개의 눈을 가지고 있다》,
《원자에서 우주까지 과학 수업 시간입니다》 등 다수가 있습니다.

풀과바람 지식나무 48

자연과 친해지는 법을 찾아서
A Friend to Nature

1판 1쇄 | 2022년 1월 3일

글 | 로라 놀스
그림 | 레베카 기번
옮김 | 이은경

펴낸이 | 박현진
펴낸곳 | (주)풀과바람
주소 | 경기도 파주시 회동길 329
전화 | 031) 955-9655~6
팩스 | 031) 955-9657
출판등록 | 2000년 4월 24일 제20-328호
블로그 | blog.naver.com/grassandwind
이메일 | grassandwind@hanmail.net

편집 | 이영란
마케팅 | 이승민

값 12,000원
ISBN 978-89-8389-972-9 73400

A Friend to Nature
A Friend to Nature written by Laura Knowles and illustrated
by Rebecca Gibbon

Text © 2021 Welbeck Children's Limited
Illustration © 2021 Rebecca Gibbon
Korean translation rights © 2022 GrassandWind Publishing
All rights reserved.

Published by arrangement with Welbeck Publishing Group
Limited through AMO Agency.

이 책의 한국어판 저작권은 AMO 에이전시를 통해 저작권자와
독점 계약한 (주)풀과바람에 있습니다.
저작권법에 의해 한국 내에서 보호를 받는 저작물이므로
무단 전재와 무단 복제를 금합니다.

※잘못 만들어진 책은 구입처에서 바꾸어 드립니다.

제품명 자연과 친해지는 법을 찾아서 | **제조자명** (주)풀과바람 | **제조국명** 대한민국
전화번호 031)955-9655~6 | **주소** 경기도 파주시 회동길 329
제조년월 2022년 1월 3일 | **사용 연령** 8세 이상
KC마크는 이 제품이 공통안전기준에 적합하였음을 의미합니다.

⚠ **주의**

어린이가 책 모서리에
다치지 않게 주의하세요.

자연과
친해지는 법을
찾아서

로라 놀스 글 | 레베카 기번 그림 | 이은경 옮김

풀과바람

차례

부모님과 선생님께

혹시 부모님이나 선생님이 이 책을 선택했다면, 아마도 아이들과 야외에서 많은 시간을 보내며 자연과 더 깊은 교감을 나누고자 하는 마음이 있기 때문일 겁니다. 아이들이나 어른들 모두 실내에서 생활하면서 자연과 점점 더 멀어지는 것처럼 느낄 수 있으니까요.

자연과 접촉하지 않으면, 아이들은 독립성을 기르고, 위험 여부를 판단하고, 재충전하고, 자기 내면과 감정을 들여다보고 탐구할 수 있는 멋진 기회를 놓치게 됩니다.
그 어느 때보다도 자연 보호가 절실한 때인데도, 아이들은 자연과 공감하지 못하고 있습니다. 과학적 연구 결과에 따르면, 어린 시절 자연에서 시간을 보내는 것이 평생의 정신 건강에 긍정적인 영향을 미친다고 합니다. 자연에서 시간을 보내는 일은 아이의 미래 행복을 위해 할 수 있는 최고의 투자 중 하나입니다.

아이들이 자극을 받으려면 조직 활동이나 스포츠에 꾸준히 참여해야 하지만, 자연은 그러한 혜택을 얻기 위해 아무것도 할 필요가 없습니다. 때로는 아이들에게 조직화하지 않은 놀이를 하는 시간, 그저 자연과 함께하는 시간을 허락하는 것만으로 가치 있을 테니까요.

자연이 환상적인 또 다른 이유는, 우리가 열심히 찾아보면 도시 지역에서도 자연을 찾을
수 있다는 점입니다. 물론 시골에서 시간을 보낼 수 있다면 좋겠지만, 자연과 교감하기
위해 반드시 훼손되지 않은 자연을 찾을 필요는 없습니다.
시간을 들여 가까이에서 자연을 찾고, 그렇게 찾은 자연을 소중히 여기는 것이
중요합니다. 여러분이 어디에 살든, 이 책이 자연과 교감하고 자연을 보호하고자 하는
모든 가족에게 아이디어와 영감을 제공하는 데 도움이 되었으면 합니다.

자연에서 안전하게 지내기

자연은 여러분이 재미있게 놀고, 쉬고, 탐험하고 독립심을 기르기에 좋은 곳이에요. 그렇지만 우리가 충분히 생각하고 행동하지 않거나 안전 규칙을 따르지 않으면 매우 위험한 곳이 될 수도 있습니다.

안전을 위해 항상 다음의 규칙을 따라요.

🌿 항상 어른들 가까이에 있고, 어른들의 눈을 벗어난 곳에서 헤매지 않도록 해요.

🌿 장소에 따라 어른들과 얼마나 가까이 있어야 하는지 결정해요.

🌿 연못, 강, 바다 근처에서는 특히 조심해요. 물은 위험하고 예측할 수 없으니까요.

🌿 어른의 도움 없이는 절대로 불을 붙이거나 날카로운 도구를 사용하지 말아요.

🌿 어른의 확인 없이는 여러분이 야외에서 찾은 것을 절대로 먹으면 안 돼요!
　어떤 것은 맛있어 보일 수 있지만, 실제로는 독성이 있어 아프게 할 수 있거든요.

🌿 여러분이 탐험하는 지역에 사는 야생 동물의 종류에 대해 알아봐요. 만약
　위험하거나 독이 있는 동물들의 서식지이기도 하다면, 그곳 규칙을 따라야 여러분과
　야생 동물 모두가 안전하게 지낼 수 있어요.

🌿 집에 돌아오면, 반드시 손부터 씻어요.

항상 날씨에 대비해요!

🌿 만약 진흙탕이나 미끄러운 곳에 간다면, 무릎까지 오는 장화나 미끄럼 방지 처리된 신발을 신어요.

🌿 비가 올 때를 대비해서 젖지 않도록 비옷이나 작은 우산을 챙겨요.

🌿 자외선 차단제 바르는 것을 잊지 말아요. 봄과 여름에는 흐린 날에도 햇볕에 피부가 손상될 수 있으니까요.

🌿 반드시 물병을 가지고 다녀요. 특히 더운 여름날에 자연을 탐험하다 보면 목이 마를 수 있거든요.

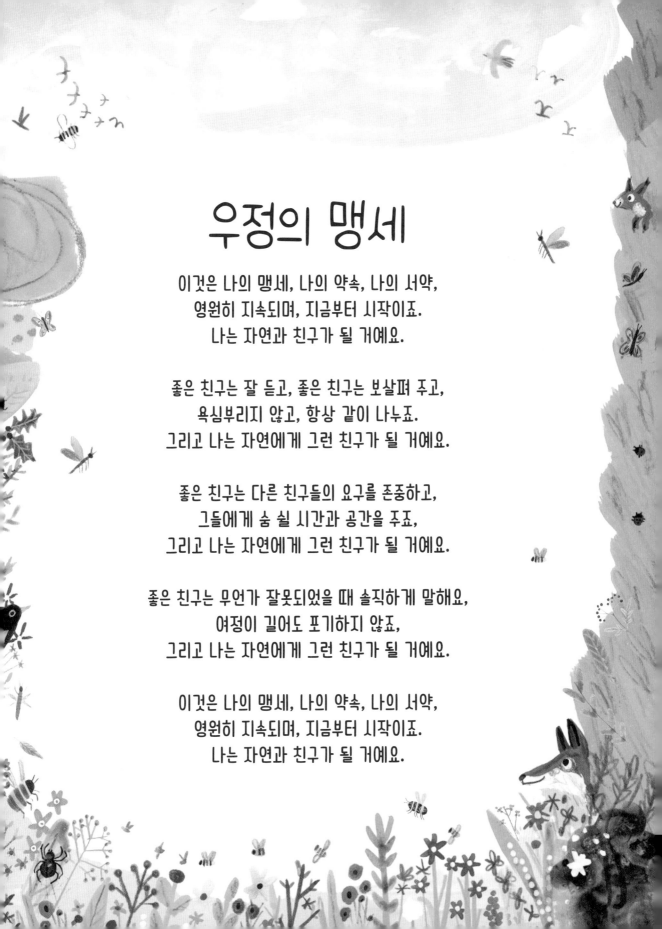

우정의 맹세

이것은 나의 맹세, 나의 약속, 나의 서약,
영원히 지속되며, 지금부터 시작이죠.
나는 자연과 친구가 될 거예요.

좋은 친구는 잘 듣고, 좋은 친구는 보살펴 주고,
욕심부리지 않고, 항상 같이 나누죠.
그리고 나는 자연에게 그런 친구가 될 거예요.

좋은 친구는 다른 친구들의 요구를 존중하고,
그들에게 숨 쉴 시간과 공간을 주죠,
그리고 나는 자연에게 그런 친구가 될 거예요.

좋은 친구는 무언가 잘못되었을 때 솔직하게 말해요,
여정이 길어도 포기하지 않죠,
그리고 나는 자연에게 그런 친구가 될 거예요.

이것은 나의 맹세, 나의 약속, 나의 서약,
영원히 지속되며, 지금부터 시작이죠.
나는 자연과 친구가 될 거예요.

자연을 알아가는 기쁨

우리는 누군가와 친구가 되면
그에게 많은 관심을 둬요.
함께 시간을 보내고 친구가 좋아하고
싫어하는 것을 전부 알아내죠.
누군가를 더 잘 알게 되고 가까워질수록, 우리는
더 마음을 쓰고 그가 행복하기를 진심으로 바라요.

자연과도 마찬가지예요. 우리가 자연에서 더 많은
시간을 보내고 많은 관심을 가질수록, 우리는
자연에 대해서 더 깊이 생각하고 아껴 주고 싶은
마음이 생겨요. 그러니까 자연과 좋은 친구가 되고
싶으면 자연에 대해 잘 알아가는 것부터 시작해요!

나무와 함께 시간 보내기

밖에서 달리고, 소리치고, 빙그르르 돌면 즐거워요.
그렇지만 진심으로 자연을 알고 싶다면 조용히 있어야 해요.
마치 땅이나 바위, 나무가 된 것처럼 말이죠.
눈과 귀를 활짝 열고 주위에 무엇이 있는지 잘 살펴봐요.

자연의 소리

여러분이 숲이나 공원, 시골이나 바닷가에 가게 되면,
'쥐 죽은 듯 조용히 있기' 게임을 해 봐요. 몇 분 동안 말하지
않고 움직이지 말고 귀를 쫑긋 기울이는 거예요.
어떤 소리가 들리나요? 평소 실내에서 듣지 못한 소리가
들리나요?

자연의 소리

윙윙대는 벌
졸졸 흐르는 물
휭 하는 바람 소리

삐걱거리는 나뭇가지
벌레 우는 소리
툭툭 부러지는 잔가지들

뚝뚝 떨어지는 빗방울
개굴개굴하는 개구리
지저귀는 새소리

여러분은 또 어떤
자연의 소리를 들을 수 있나요?

나무와 친구 되기

집 근처 나무 한 그루를 찾아 이름을 지어 봐요. 나뭇잎, 나무껍질, 가지들을 봐요. 주변의 다른 나무들과 똑같나요? 나무의 그림을 그리거나 사진을 찍어요. 크레용으로 문질러 나무껍질과 나뭇잎의 탁본을 떠요. 일 년 내내 나무 친구를 방문하며 시간이 지남에 따라 어떻게 변하는지 살펴봐요. 가을에는 잎을 떨구고 여름에는 꽃을 피우나요?

나뭇잎 모으기

밖에 나가 눈에 띄는 예쁜 낙엽들을 주워 봐요. 어떤 나무의 나뭇잎인지 알고 있나요? 잘 모르겠다면, 온라인으로 찾아보거나 잎 식별 앱을 사용해 도움을 받아요.

나뭇잎 책갈피

신문지 사이에 나뭇잎을 놓은 다음 무거운 책 페이지 사이에 조심스럽게 끼워 놓아요. 그 위에 책을 몇 권 더 쌓거나 다른 무거운 물건을 올려놓아요. 2~3주 정도 그렇게 놔두어요. 모든 과정이 끝나면, 눌린 잎들을 종이에 풀로 붙이거나 바늘과 실을 사용해 한데 엮어 방을 장식해 봐요.

"자연을 깊이 들여다보면 모든 것을 더 잘 이해할 것이다."
알베르트 아인슈타인

알베르트 아인슈타인은 많은 사람이 천재라고 생각하는 매우 똑똑한 과학자였어요. 그가 이런 말을 했다니, 과연 무슨 뜻이었을까요?

자연과 가까워질 수 있는 은신처 만들기

야생 동물을 잘 살펴볼 수 있는 가장 좋은 방법은 여러분이 몸을 숨긴 채 야생 동물이 가까이 다가오도록 하는 거예요. 은신처를 만들어 그 안에 들어가 지켜보며 기다려요.

1. 나무들이 울창하고 떨어진 나뭇가지들이 많은 숲이나 나무가 많은 동네 공원을 찾아요.

2. 여러분보다 키가 크고 가느다란 가지들을 많이 모아요.

3. 나뭇가지들을 나무둥치에 기대어 놓아요. 나뭇가지들이 잘 걸릴 수 있는 울퉁불퉁한 나무둥치가 좋아요.

4. 나뭇가지들을 더 가져와 틈을 막고, 작은 나뭇가지들과 잎으로 작은 틈새를 채워요.

5. 은신처 안에 담요를 깔아놓으면 더 편안하게 있을 수 있어요. 이제 밖을 내다보면서 어떤 야생 동물이 다가오는지 봐요!

어른에게 은신처를 만들 수 있게 도와달라고 부탁하고, 그 안에 들어가기 전에 안전하고 튼튼한지 꼭 확인해요!

꽃에 대해 알아보기

여러분은 식물을 자세히 들여다본 적이 있나요?
꽃을 하나 찾아서 아래에 표시된 것처럼, 각각 다른 부분들을 구별할 수 있는지
알아봐요. 꽃은 온갖 종류의 모양을 하고 있어, 어떤 부분은 다른 부분보다
식별하기 쉬울 거예요.

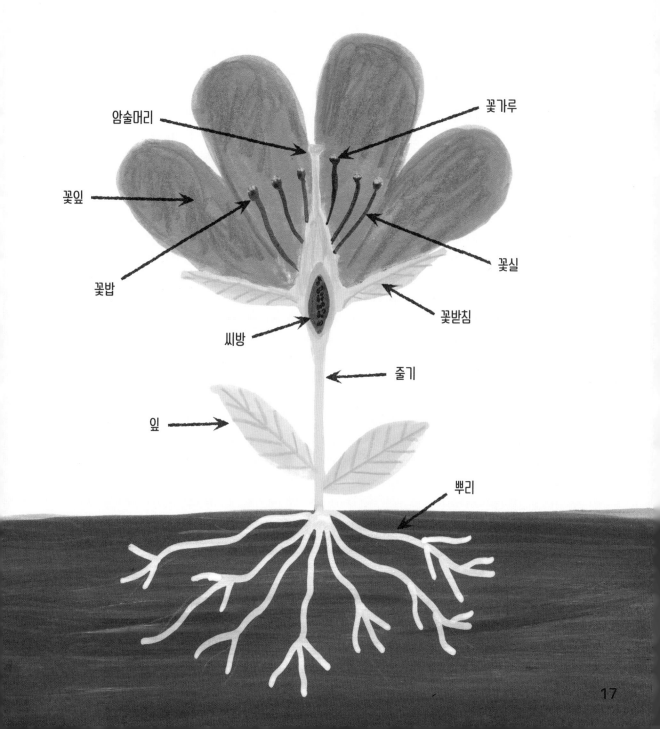

암술머리

꽃가루

꽃잎

꽃실

꽃밥

꽃받침

씨방

줄기

잎

뿌리

작은 동물 사냥

작은 동물을 잡으러 떠나 봐요! 작은 동물에는 곤충을 비롯해 거미, 민달팽이, 달팽이와 여러 벌레가 있어요. 덤불과 나무, 바위 밑, 썩은 통나무 속을 뒤져 봐요. 이런 생물들은 어둡고 축축한 곳에 숨는 걸 좋아하니까요.

우리를 찾아봐!
여러분이 사냥할 때 발견할 수 있는 작은 동물들이 여기 있어요. 세계 여러 지역에는 다양한 생물들이 있답니다. 여러분 집 근처에서 다른 종류를 발견할 수 있나요?

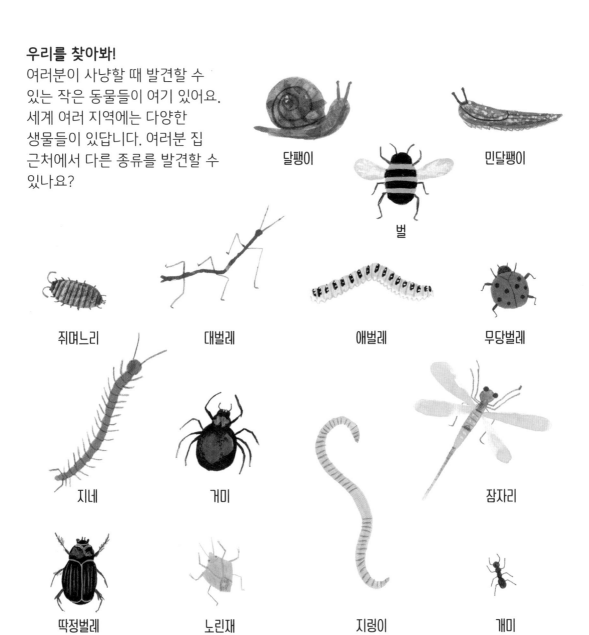

달팽이

민달팽이

벌

쥐며느리

대벌레

애벌레

무당벌레

지네

거미

잠자리

딱정벌레

노린재

지렁이

개미

여러분이 찾은 작은 동물의 사진을 찍거나 그림을 그려요. 다만 발견한 장소에 그대로 두어야 해요.

이야기 산책

산책하면서 여러분이 본 것에 관한 이야기를 만들어 봐요. 산책하는 사람들이 모두(어른 포함) 돌아가면서 한마디씩 이야기를 지어 큰 소리로 말해요. 상상력은 어떤 이야기를 만들어 낼까요?

깊고 어두운 숲이 무서워서 고목 높은 곳에 머물러 있었죠.

옛날에 소심한 다람쥐 한 마리가 살았어요.

그런데 그 고목은 평범한 나무가 아니었어요. 숲에서 가장 오래되고 가장 큰 나무였죠. 나무는 마법으로 다람쥐를…

나비의 한살이

시간이 흘러, 여러분은 어른이 되며 많은 변화를 겪게 될 거예요.
애벌레가 아름다운 나비로 자라기 위해 겪는 변화도 엄청나답니다!

1. 알
다 자란 나비는 알을
낳는데, 알껍데기를 뚫고
나온 애벌레는 껍데기를
갉아 먹어요.

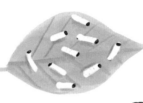

2. 어린 애벌레
갓 태어난 애벌레는
몸이 아주 작아요.
그들은 많은 잎사귀를
갉아 먹으면서
쑥쑥 자라나요.

3. 애벌레
애벌레는 몇 주간 자라면서
네다섯 번에 걸쳐 허물을
벗어요. 몸집이 더 커지기
위해서는 허물벗기를 꼭 해야
해요.

4. 변화의 시간
애벌레가 충분히 자라면,
안전한 장소를 찾아 몸을
붙여요. 다시 한번 허물을 벗죠.
드러난 새 피부는 단단해지면서
몸을 보호해 줘요.

7. 나비
나비는 짝을 찾아 알을
낳기 위해 훨훨 날아가요.
이런 생명의 순환은
이어져요!

6. 나비의 등장
번데기가 된 지 일주일 정도 지나면
번데기 등이 갈라지면서 나비가
나오기 시작해요. 모습을 드러낸
나비는, 새로운 몸이 단단해지는
동안 휴식을 취해요. 날개를 펴기
위해 날개로 피를 보내면서, 날아갈
준비를 하죠.

5. 번데기
애벌레는 이제 번데기로 불려요.
번데기는 커다란 변화를 겪으며
어른벌레(성충)로 바뀌는 중이죠.
이러한 변화를 탈바꿈(변태)이라고
해요.

20

나비의 생김새

나비는 봄과 여름, 따뜻한 날씨에 날아다녀요. 꽃에서 나오는 꿀을 마시기 때문에, 꽃밭이나 야생화가 피어 있는 초원은 나비들이 먹이를 구할 수 있는 최고의 장소죠. 나비를 발견하기에 가장 좋은 곳이에요.

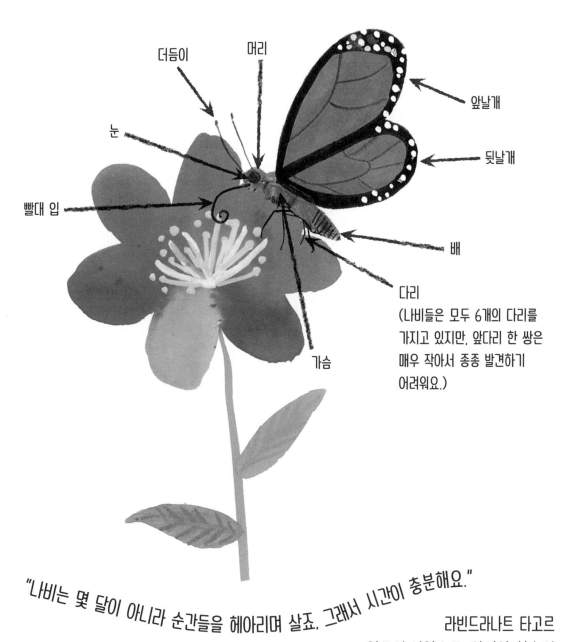

더듬이

머리

앞날개

뒷날개

눈

빨대 입

배

다리
(나비들은 모두 6개의 다리를 가지고 있지만, 앞다리 한 쌍은 매우 작아서 종종 발견하기 어려워요.)

가슴

"나비는 몇 달이 아니라 순간들을 헤아리며 살죠. 그래서 시간이 충분해요."

라빈드라나트 타고르
인도의 시인으로, 아시아 최초의
노벨문학상 수상자

더 큰 세상 보기

자연을 더 잘 알게 된다는 건 단순히 주변의 꽃이나 곤충처럼 작은 것에만 관심을 기울이라는 말이 아니에요. 여러분이 더 큰 무언가의 일부라는 사실을 깨닫는 것이랍니다. 예를 들어, 하늘은 어마어마하게 넓죠. 여러분은 지나가는 구름이 항상 어떻게 모양을 바꾸는지 바라본 적 있나요?

구름이 그린 그림
들판에 펼친 담요 위에
누워서 하늘을 올려다봐요.
구름이 얇고 흐릿한가요? 아니면
두껍게 뭉게뭉게 피어올랐나요?
얼마나 빠르게 지나가고 있나요?
동물이나 다른 물체처럼 생긴 구름을
찾아봐요. 사자, 배, 용처럼 생긴 구름이
있을 거예요. 돌아가면서 한 명씩
구름이 그린 그림을 찾아봐요.
여러분은 친구가 찾아낸
구름이 무엇을 닮았는지
맞힐 수 있나요?

별 보기

맑은 날 밤에, 하늘을 올려다보면서 별자리를 찾아봐요.
별자리는 가상의 선으로 몇 개의 별을 이어 사물이나 인물, 동물을 연상하도록 이름을
붙인 거예요. 별자리에는 흥미로운 이야기도 얽혀 있어요. 나만의 별자리를 만들고
그에 어울리는 이야기를 만들어 보면 어떨까요?

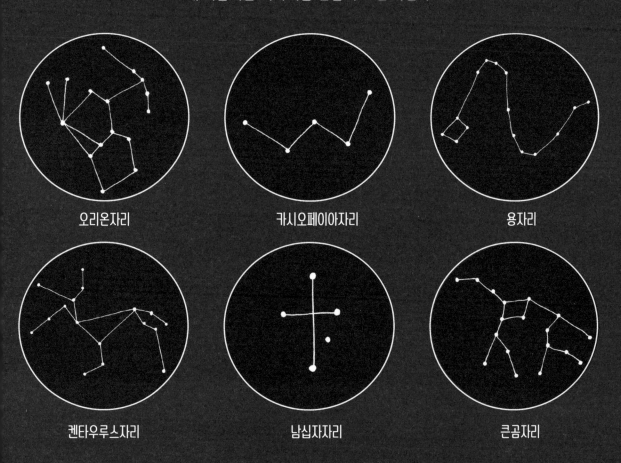

오리온자리   카시오페이아자리   용자리

켄타우루스자리   남십자자리   큰곰자리

지구의 북쪽 부분, 즉 북반구에서 볼 수 있는 많은 별은
남반구에서 볼 수 있는 별들과 달라요.

"우리는 별로 만들어졌습니다. 우리 몸은 별의 물질로 이루어졌거든요.
우리 안에는 모두 별 조각들이 있습니다."

칼 세이건
미국의 천문학자

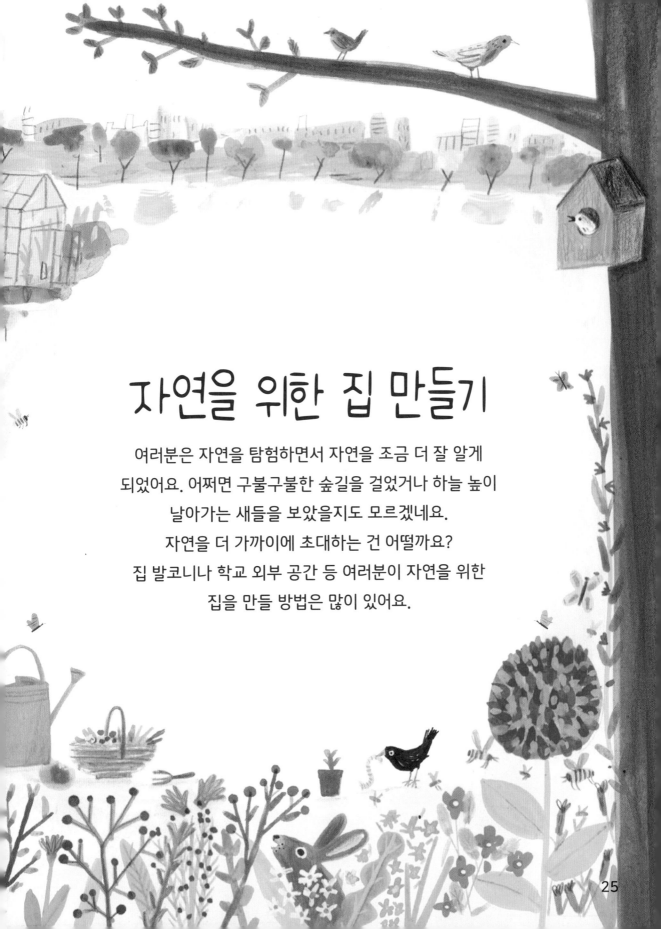

자연을 위한 집 만들기

여러분은 자연을 탐험하면서 자연을 조금 더 잘 알게
되었어요. 어쩌면 구불구불한 숲길을 걸었거나 하늘 높이
날아가는 새들을 보았을지도 모르겠네요.
자연을 더 가까이에 초대하는 건 어떨까요?
집 발코니나 학교 외부 공간 등 여러분이 자연을 위한
집을 만들 방법은 많이 있어요.

야생 동물 초대하기

동물들은 포식자에게 잡힐지도 모른다는 두려움 때문에 넓은 공터로 나가는 모험을 할 가능성이 적어요. 따라서 야생 동물이 드나들기에 안전하게 느껴지는 장소를 만들기 위해서는, 언제든 숨을 수 있는 비밀 구멍이나 공간을 많이 만드는 것이 중요해요.

잔디 키우기

야생 동물을 불러들이기 위해, 뜰의 잔디를 길게 자라도록 두는 것보다 더 좋은 방법이 있을까요? 어른들에게 잔디 깎는 기계를 치워달라고 부탁해 봐요! 길게 자란 풀은 많은 곤충의 보금자리가 되고, 다른 동물들은 그 곤충들을 먹으며 살 거예요. 무성하게 자란 잔디밭은 고슴도치가 안전하게 숨어 지내면서 음식을 우적우적 씹으며 돌아다니기 좋은 곳이죠.

벌레 호텔 짓기

정원의 크기와 상관없이 벌레 호텔을 지을 공간은 늘 있어요! 조그만 '딱정벌레 숙소'나 웅장한 '작은 동물 아파트'는 곤충들에게 겨우내 잘 수 있는 장소나 알을 낳을 안전한 곳을 제공할 거예요. 여러분은 집 발코니에 맞는 작은 벌레 호텔을 만들거나, 선생님에게 학교에 벌레 호텔을 만들 수 있는지 여쭤보아요.

자연 출입구

야생 동물은 공간이 필요해요. 만약 정원이 벽으로 둘러싸여 있다면, 안으로 들어올 수 있는 동물이 많지 않을 거예요. 새들은 날아서 벽을 넘을 수 있지만, 고슴도치와 개구리, 두꺼비는 그렇지 않겠죠. 어른에게 부탁해 나무 울타리 아래에 작은 구멍을 뚫어 출입구를 만든다면 야생 동물이 드나들수록 도울 수 있어요. 구멍은 15cm 정도의 폭과 높이면 충분해요.

자연 출입구를 만들어도 괜찮은지 여러분의 이웃에게도 확인하는 것을 잊지 말아요!

준비물

- 벽돌
- 나뭇조각들이나 낡은 나무 받침대
- 낡은 타일이나 지붕에 이는 펠트 천
- 조각낸 대나무 줄기
- 짚
- 잔가지
- 마른 나뭇잎
- 이끼
- 나무껍질
- 솔방울
- 골판지
- 낡은 점토 화분
- 흙
- 돌

1. 벌레 호텔을 세울 평평하고 고른 땅을 찾아요. 호텔이 흔들리지 않을 곳이어야 해요(공간을 사용하도록 허락해 달라고 어른에게 부탁해요).

2. 바닥에 벽돌 몇 개를 깔아서 호텔의 기초를 만들어요.

3. 벽돌 위에 나무 받침대를 놓아요. 나뭇조각들을 사용한다면, 벽돌 위에 그것들을 배열한 다음 가장자리를 따라 벽돌들을 더 놓아 벽을 만들어요.

4. 벽 위에 나무 받침대를 하나 더 얹어 또 한 층을 쌓아요. 벌레 호텔 높이가 1미터를 넘지 않을 때까지 견고해지도록 층을 올려요.

5. 준비한 다른 자료들을 벌레 호텔의 틈새에 넣어, 여러 곤충이 숨을 수 있는 은신처를 만들어 봐요.

6. 벌레 호텔의 맨 위에 낡은 타일들을 올려놓아요. 지붕이 되어 비를 막아 줘 곤충들이 아늑하고 보송보송하게 지내는 데에 도움을 줄 거예요. 타일이 없다면, 벽돌이나 돌 몇 개와 펠트 조각을 사용해도 좋아요.

7. 마지막으로, 벌레 호텔의 이름을 지어요! 여러분의 걸작 건축물에 어울리는 간판을 만들어 봐요.

벌레 호텔을 만들 때 좋은 점은 여러분이 쉽게 구할 수 있는 재료들을 주로 사용할 수 있다는 점이에요. 여기에 나열된 재료 중 여러분이 가지고 있지 않은 것이 있다면, 대신 다른 자료들을 이용해 만들어 봐요.

개구리일까 두꺼비일까?

여러분은 두꺼비와 개구리의 차이점을 알고 있나요?
이 두 마리의 양서류는 비슷해 보여도 서로 달라요! 여러분이 사는 곳에 따라,
다른 두꺼비나 개구리를 만날 수 있어요.
두꺼비와 개구리의 구별 방법을 배워 봐요!

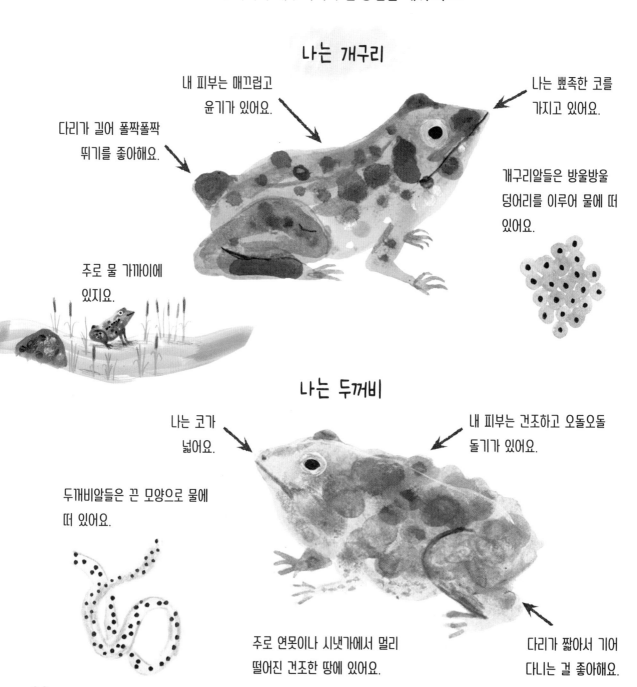

나는 개구리

내 피부는 매끄럽고
윤기가 있어요.

나는 뾰족한 코를
가지고 있어요.

다리가 길어 폴짝폴짝
뛰기를 좋아해요.

개구리알들은 방울방울
덩어리를 이루어 물에 떠
있어요.

주로 물 가까이에
있지요.

나는 두꺼비

나는 코가
넓어요.

내 피부는 건조하고 오돌오돌
돌기가 있어요.

두꺼비알들은 끈 모양으로 물에
떠 있어요.

주로 연못이나 시냇가에서 멀리
떨어진 건조한 땅에 있어요.

다리가 짧아서 기어
다니는 걸 좋아해요.

개미

아이야, 쓸모 있는 개미를 보렴,
매일 얼마나 열심히 일하는지.
개미는 꿋꿋하게 일해요.
(그렇게 하기는 정말 어렵죠.)
개미는 빈둥거릴 시간이 없어요.
놀 시간이 없죠.
멍멍이가 온종일 자기 꼬리를 쫓고.
야옹이가 술래잡기하며 놀아도.
허비할 시간이 없어요,
개미는 흔들 꼬리도 없고요.
아침부터 밤까지 종종걸음을 치며 다니죠.
개미는 절대, 절대 잠들지 않아요.
눈에 보이는 모든 걸 움켜쥐고,
있는 힘껏 집으로 끌고 가죠,
일단 잡으면 놓치는 법이 없어요.

올리버 허포드

29

작은 연못 만들기

개구리, 도롱뇽, 잠자리 그리고 연못에 사는 다른 생물들을 꾀어내기 위해 물이 많은 서식처를 만드는 데 많은 공간이 필요하지 않아요. 튼튼한 욕조로 작은 연못을 만들어 야생 동물들이 여러분에게 오는 것을 지켜보아요.

준비물
- 단단한 용기(낡은 설거지통이나 마개가 있는 낡은 싱크대 또는 커다란 화분)
- 인공 연못 바닥 깔개(물이 새는 용기일 때)
- 모래나 자갈
- 돌
- 산소를 공급하는 연못 식물(여러분이 사는 곳의 자생 식물)
- 연못에 넣고 싶은 다른 식물(여러분이 사는 곳의 자생 식물)
- 삽

1. 연못을 만들 장소를 골라요(그리고 그 공간의 사용 허가를 요청해요).

2. 어느 정도 크기의 구덩이를 파야 하는지 알 수 있도록 그 자리에 용기를 놓아요.

3. 방수 처리가 되지 않는 용기에는 인공 연못 바닥 깔개 한 장을 깔아 줘요.

4. 연못으로 선택한 곳에 구덩이를 깊게 파서 용기의 맨 위가 땅과 수평이 되도록 해요.

5. 용기를 구덩이에 놓아요. 용기 주변의 틈새를 남은 흙으로 채워 단단히 고정해요.

6. 연못의 바닥을 자갈이나 모래로 한 층 덮어요.

7. 연못 가장자리를 돌로 장식해요. 낡은 타일이나 벽돌을 사용해도 좋아요.

8. 연못에 물을 가득 채워요. 빗물이 가장 좋지만, 수돗물을 사용해야 하면 24시간 동안 그대로 두었다가 연못에 부어 줘요.

9. 산소를 공급하는 식물을 한두 개 넣어요. 만약 조금 더 여유가 있다면, 연못의 수면 위로 자라는 수초를 추가해도 좋아요.

10. 야생 동물들이 여러분의 연못을 집으로 삼을 때까지 편안한 마음으로 기다려요.

새 목욕통

날씨가 건조하면 새들도 매우 목이 마를 수 있어요. 여러분은 깃털 달린 친구들이 물을 마시고 목욕할 수 있도록 커다란 물 접시를 내놓아 그들을 도울 수 있어요. 커다란 화분이나 거꾸로 뒤집은 쓰레기통 뚜껑도 좋은 통이 될 수 있어요. 새들이 근처에 숨어 있을지도 모르는 고양이들을 볼 수 있도록 시야가 트인 야외에 새 목욕통을 놓아요. 규칙적으로 물을 채우고, 더러워지면 청소를 도와달라고 어른에게 부탁하는 것을 잊지 말아요.

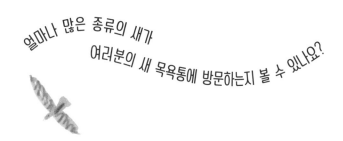

얼마나 많은 종류의 새가 여러분의 새 목욕통에 방문하는지 볼 수 있나요?

개구리 요새 만들기

개구리들에게 물만 필요한 게 아니에요. 겨울이 오면 서서히 활동을 중단하고 겨울잠을 잘 수 있는 은신처를 찾아요. 그들을 안전하게 지키기 위해 개구리 요새를 건설해야 해요. 여러분이 해야 할 일은 정원 한구석에 돌무더기를 만드는 거예요. 개구리들이 숨을 장소를 더 만들어 주려면 온전하거나 또는 부서진 테라 코타 화분을 사용할 수도 있어요. 일단 요새를 만들고 나면, 바위를 옮기지 않는 게 좋아요. 잠자는 개구리를 방해할 수도 있거든요.

둥지 상자 만들기

이러한 둥지 상자를 만들려면 어른의 도움이 필요해요. 만약 여러분이 둥지 상자를 알맞은 장소에 올려놓으면, 어떤 행운의 새가 그것을 안전한 장소로 선택해서 알을 낳고 새끼 새들을 기를지도 몰라요.

준비물

- 나무판자(폭 15cm x 길이 133cm x 두께 1.5cm로 FSC 인증을 받고 압력 약품 처리가 되지 않은 목재)
- 방수 재료(고무나 지붕에 이는 펠트)
- 목공풀
- 못
- 나사
- 톱
- 망치
- 스크루드라이버
- 드릴(홀쏘 드릴 비트 포함)
- 연필
- 자

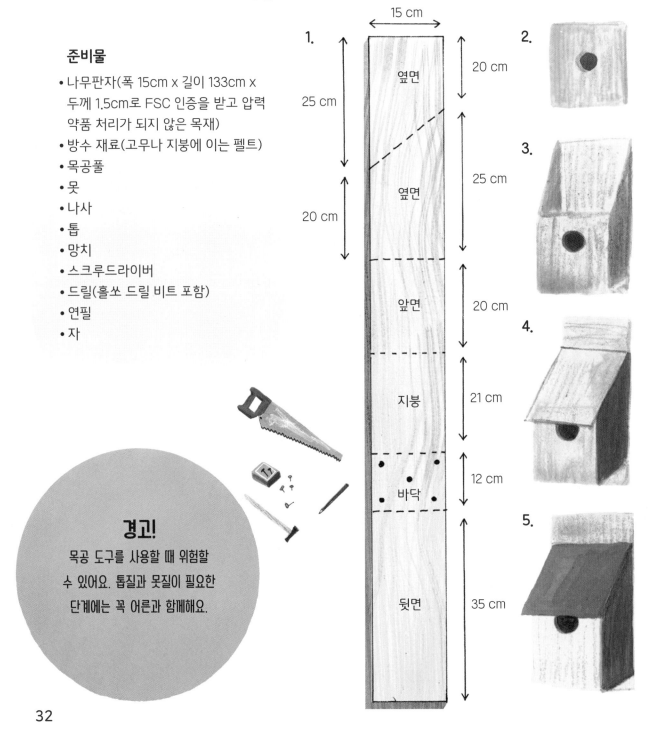

1.
15 cm
옆면 — 25 cm
옆면 — 20 cm, 25 cm
앞면 — 20 cm
지붕 — 21 cm
바닥 — 12 cm
뒷면 — 35 cm

2.

3.

4.

5.

1. 목재 크기를 잰 뒤 연필을 사용해 그림과 같이 절단선을 표시해야 나중에 혼란스럽지 않아요.

2. 연필 선을 따라 목재를 톱질해요. 바닥면 목재에 작은 구멍들을 뚫고, 앞면에는 3.2cm의 둥근 구멍을 뚫어요.

3. 지붕 부분의 목재를 제외하고 다른 부분들을 연결해 못을 박아요. 뒷면, 앞면, 옆면의 목재들은 바닥면 목재의 가장자리와 맞아야 해요.

4. 나사를 이용해 지붕을 달아요. 그래야 둥지 만드는 계절이 끝나면 여러분이 나사를 풀고 뚜껑을 들어 올려 상자 안을 청소할 수 있거든요.

5. 빗물이 둥지 상자에 새지 않도록 방수 재료를 붙여요.

6. 뒷면 목재의 상단과 하단에 구멍을 뚫어, 여러분이 원하는 위치에 조심스럽게 달아달라고 어른에게 부탁해요.

둥지 상자는 직사광선을 피하고, 고양이나 다른 포식자의 손이 닿지 않는 안전한 곳에 놓아야 해요. 땅바닥에서 최소 3m 떨어진 벽이나 기둥 또는 나무줄기에 달아야 해요. 반드시 그 주인에게 허락을 구하고요.

여러 종류의 새 둥지

'새 둥지'라고 하면 나뭇가지를 엮어 둥글게 만든 것을 생각할 수 있지만,
새마다 다른 둥지를 만들어요. 여기 몇 가지 주요 유형을 보여 줄게요.
자연에서 모험할 때 어떤 둥지를 발견하게 될까요?

컵 둥지

컵 모양 둥지로, 보통 나뭇가지나 덤불로
지어져요. 잔가지, 풀, 나뭇잎, 이끼, 부드러운
깃털이나 새의 솜털 그리고 심지어 거미줄까지
포함해 다양한 재료가 쓰일 수 있어요. 컵
둥지를 짓는 새에는 찌르레기, 울새, 푸른박새,
참새, 벌새 등이 있어요.

부착 둥지

건물의 처마나 절벽 또는 동굴이나 나무
등에 붙어 있는 둥지의 이름이에요. 보통
진흙이나 풀에 새의 끈적끈적한 타액(침)
을 섞어 만들어요. 부착 둥지를 짓는 새에는
제비, 흰털발제비, 칼새, 바다제비 등이
있어요.

펜던트 둥지
이 아름다운 둥지는 풀로 엮여
나뭇가지에 매달려 있어요.
펜던트 둥지를 짓는 새에는
위버(베짜는 새)와 꾀꼬리 등이
있어요.

플랫폼 둥지
이러한 둥지들은 커다랗고 부피가
크며, 나무나 절벽 높은 곳에
지어져요. 대개 나뭇가지들로
튼튼하게 만들어져 해마다
사용되는 경우가 많아요. 플랫폼
둥지를 짓는 새에는 독수리, 매,
황새, 왜가리 등이 있어요.

땅 위의 둥지
여러분은 아마도 이런 둥지 중 하나를
어딘가에서 발견했을 수도 있어요. 이러한
둥지는 땅속 얕은 구멍에 여러 물질을 쌓아서
만들어요. 어떤 새들은 잔가지들을 사용하는
반면, 부드러운 풀이나 나뭇잎, 진흙, 심지어
바위를 사용하는 새들도 있어요. 땅 위에
둥지를 짓는 새에는 백조, 홍학, 풀숲무덤새
그리고 펭귄이 있어요.

다른 둥지들
새가 둥지를 드나드는 것을 여러분이
목격하지 못하면 그것이 둥지라는 것을
깨닫지 못할 수도 있어요. 딱따구리와
같은 몇몇 새는 나무 구멍에 둥지를
틀어요. 가시올빼미와 같이 땅에 굴을 파서
사용하는 새들도 있고요. 그러니 다음에
구멍을 발견하게 되면, 생각해 봐요. 그것은
작은 집일 수도 있어요!

자연의 추적자 되기

자연을 위한 집을 마련한 뒤에는 더 많은 야생 동물이 여러분에게 다가오는 것을 알아차리기 시작할 거예요. 하지만 여러분이 보지 않는 동안 어떤 수줍음 많은 생물이 지나가는지 어떻게 알 수 있을까요? 여러분은 자연의 추적자가 되어야 해요!

누구의 흔적일까?

부드럽고 질퍽질퍽한 눈이 많이 쌓인 땅에 있는 발자국을 주의해서 봐요. 여러분이 시골에 있는지 도시에 있는지에 따라 다른 발자국을 발견할 수 있을 거예요. 여러분이 보는 발자국의 종류도 여러분이 세계의 어디에 있느냐에 따라 다를 거예요.

새

개

토끼

사슴

여우

오리

말

곰

멧돼지

주머니쥐

웜뱃

아메리카너구리

어떤 생물의 발자국인지 확실하지 않으면, 사진을 찍어요. 그런 다음 어른에게 온라인에서 동물 발자국을 조사하여 그것을 식별해 달라고 부탁할 수도 있어요.

주의해서 봐야 할 다른 흔적들

만약 여러분이 다음 중 하나라도 발견한다면, 그 지역에 야생 동물이 있다는 거예요.

털
낮은 나뭇가지나 울타리에 걸려 빠진 털 뭉치는 토끼나 여우 또는 사슴의 것일 수 있어요.

동물의 배설물
작고 동그란 배설물은 토끼에게서 나온 것일 수 있어요. 더 큰 배설물은 더 큰 동물의 것이겠죠!

올빼미 펠릿(토사물)
올빼미는 식사 뒤에 알갱이들을 토해내서, 나무 밑바닥에서 이러한 알갱이들이 발견되는 경우가 많아요. 그것들은 올빼미가 먹은 생물(주로 쥐)의 작은 뼈와 털을 포함하고 있어요.

깃털
이것은 새가 근처에 왔음을 알려 줘요.

갉아 먹은 견과류 껍데기
갉아 먹은 견과류 껍데기들은 다람쥐가 호화로운 만찬을 즐겼다는 사실을 의미하죠.

경로
여러분은 긴 풀밭 사이 작은 샛길을 발견할지도 몰라요. 그것은 여우가 그 지역을 자주 지나간다는 신호일 수 있어요.

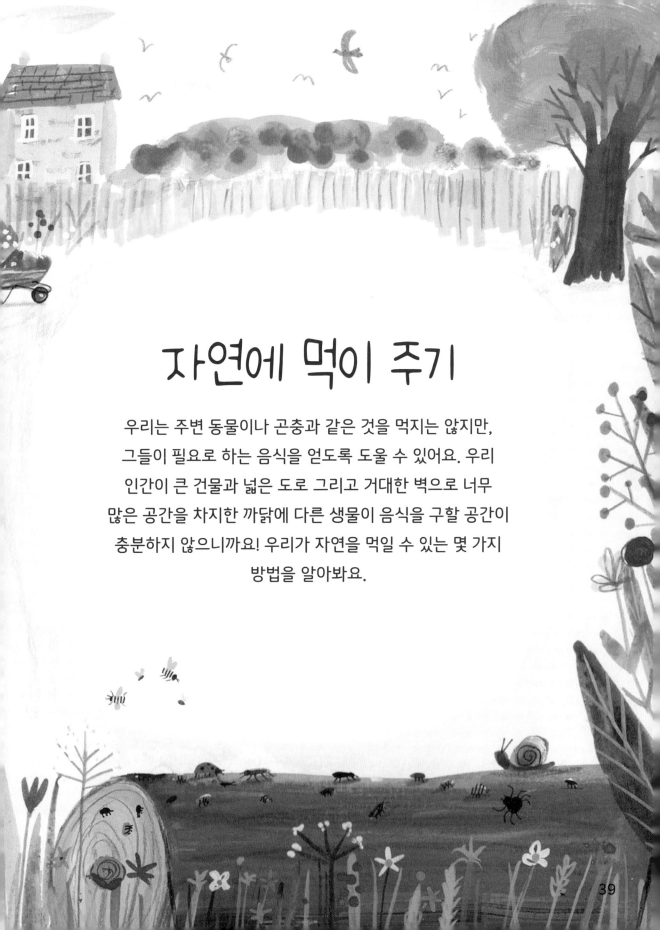

자연에 먹이 주기

우리는 주변 동물이나 곤충과 같은 것을 먹지는 않지만,
그들이 필요로 하는 음식을 얻도록 도울 수 있어요. 우리
인간이 큰 건물과 넓은 도로 그리고 거대한 벽으로 너무
많은 공간을 차지한 까닭에 다른 생물이 음식을 구할 공간이
충분하지 않으니까요! 우리가 자연을 먹일 수 있는 몇 가지
방법을 알아봐요.

자연을 위한 잔치

자연을 먹여 살릴 가장 좋은 방법은 동물들이 먹기 좋아하는 식물을 기르는 거예요. 꽃을 피우는 식물들은 나비와 벌, 다른 꽃가루받이(수분) 곤충들을 끌어들여요. 나무와 관목은 다람쥐와 새들을 유혹할 거예요. 고슴도치, 새와 개구리는 식물 사이에 사는 벌레들을 보고 오겠지요.

민들레 열매 불기

민들레 열매를 불며 소원을 빌어 본 적 있나요? 민들레는 약재로 사용할 뿐만 아니라 벌과 나비의 먹이이기도 해요. 갓털 달린 씨앗을 공중에 날리면, 작은 낙하산처럼 날아가 새로운 땅에 정착해 새로운 꽃으로 자라나요. 만약 집에 잔디밭이 있다면, 부모님께 민들레가 자라 꽃을 피울 수 있도록 해 달라고 부탁해요.

야생화 초원 가꾸기

땅이 아무리 작더라도 야생화를 위한 공간은 있어요. 재배하기에 가장 좋은 야생화는 여러분이 사는 곳에서 자생하는 야생화예요. 그건 다른 어떤 곳보다 자연적으로 뿌리 내려 살도록 적응했다는 것을 의미하니까요. 가을은 야생화를 심기에 가장 좋은 시기예요.

준비물

- 삽
- 여러 야생화 씨앗들
- 검은색 플라스틱 비닐(선택 사항)

경고!

곤충, 민달팽이와 달팽이가 식물을 뜯어 먹는 걸 막기 위해 정원에 살충제를 뿌리지 말아요. 살충제는 단순히 '해충'뿐만 아니라 모든 야생 동물에 많은 해를 끼쳐요. 만약 여러분이 살충제를 사용하는 어른들을 알고 있다면, 멈춰 달라고 정중하게 요청해요.

1. 볕이 잘 드는 잔디밭이나 빈 화단을 골라요 (주인에게 허락받는 것을 잊지 말아요!). 초원을 만들 공간이 넓을수록 더 좋아요.

2. 잔디밭이 있는 곳에 초원을 만들려면 잔디를 파내야 해요. 그 일은 힘이 센 어른의 도움이 필요해요.

3. 잡초를 뽑고 흙을 파서 큰 덩어리가 없이 골고루 펴지도록 해 줘요.

4. 잡초가 더는 자라지 않게 하려면, 흙을 검은 플라스틱 비닐로 덮고 몇 주 동안 놔둬요.

5. 씨앗 봉투에 적힌 지시에 따라 야생화 씨앗을 골고루 섞어 씨를 심어요.

6. 여러분이 가꾼 초원에서 어린 야생화들이 자라는 동안 습기를 유지하도록 정기적으로 물을 주어야 해요.

꽃가루받이 매개자

수술의 꽃밥에서 만들어진 꽃가루가 암술머리로 옮겨지는 것을 '꽃가루받이(수분)'
라고 해요. 꽃의 꿀이나 꽃가루를 먹는 곤충, 새, 박쥐와 같은 동물들이 꽃에서
꽃으로 옮겨 다니며 꽃가루받이를 도와요. 꽃가루받이가 이루어지면 식물은 튼실한
자식(씨앗)을 만들어 번식할 수 있어요.

벌은 어떻게 꽃가루받이를 도울까?
꿀벌들은 자신의 무리를 먹이기 위해
식물로부터 꿀과 꽃가루를 모아서
저장해요.

1. 꿀벌은 꽃가루를 모으기
   위해 꽃을 찾아다녀요.
   꽃가루 중 일부가 벌의
   솜털이 보송보송한 몸에
   달라붙어요.

2. 꿀벌은 더 많은 꽃가루를 모으기
   위해 다른 꽃으로 날아가요.

암술머리

꽃가루

씨방

3. 첫 번째 꽃의 꽃가루가
   새 꽃의 암술머리 위로
   옮겨져요.

수술
(수술은 꽃밥과
수술대로 되어
있어요.)

4. 꽃가루는 꽃가루관이라는
   긴 관이 되어 꽃의 씨방
   안 '밑씨'를 만나요. 이때
   각자의 핵이 결합해 수정이
   이루어져요. 수정된 밑씨는
   씨앗으로 커가며 새로운
   식물로 자랄 준비를 해요.

42

왜 꽃가루받이가 중요할까?

꽃가루받이가 없이는, 세계 많은 식물이 자랄 수 없고 식물에 의존하는 동물들 역시 살아남을 수 없어요. 인간의 작물도 수분하려면 곤충이 필요해요. 곤충이 없다면 우리는 충분한 식량을 기를 수 없어요. 수많은 꽃가루받이 매개자가 위험에 처해 있어요. 인간이 그들의 서식지를 파괴하고 살충제로 그들을 죽였기 때문이에요. 꽃가루받이 매개자들은 우리의 도움이 필요해요!

꿀벌 구하기

땅 위나 창문턱에 있는 벌을 우연히 보았는데, 그 벌이 날아가고 싶어 하지 않는 것처럼 보이면 여러분의 도움이 필요할 수 있어요! 벌이 꿀이 가득한 꽃을 찾지 못했을 수 있으므로 긴급하게 에너지를 보충해 주어야 해요. 찻숟가락이나 병뚜껑에 약간의 설탕과 물을 섞어서, 벌이 설탕 시럽을 마실 수 있도록 벌 가까이 놓아 줘요.

벌에게 쏘일 경우를 대비해서 만지지 않도록 주의해요. 일단 벌이 시럽을 마시면, 날아갈 수 있을 만큼 기운을 차릴 거예요.

꿀벌을 위한 성찬

벌과 또 다른 꽃가루받이 곤충을 돕는 가장 좋은 방법은 봄, 여름, 가을
내내 다양한 꽃을 심는 거예요. 여러분이 가진 것이 정원이든 발코니든 그냥
창문턱이든 다양한 꽃을 제공하기 위해 여러분은 약간의 노력을
기울일 수 있어요.

에리카 카르네아

이 식물은 연초에 꽃을
피우기 때문에 다른 꽃이
피기 전에 벌과 다른
곤충에게 먹이를 주기에
좋아요. 그늘진 곳도
좋아하기 때문에 햇볕이 잘
드는 공간이 많지 않다면
좋은 선택이 될 거예요.

수레국화

이 식물은 오랫동안 꽃을
피우며 다양한 곤충에게
먹이를 주어요.

이러한 꽃들은 여러분이 기를 수 있는
곤충 친화적인 식물 가운데 일부예요.
지역 정원 센터에서 일하는 사람들에게
여러분이 사는 곳에서 어떤 식물이 꽃을
잘 피우는지 물어보아요.

라벤더

꿀벌은 라벤더를 좋아해요. 이
식물은 햇볕이 잘 드는 곳에서
자라는 것을 좋아하고 해마다
자랄 거예요. 향기도 아주
좋아요!

크로커스

이 작은 꽃은 봄에 땅을 뚫고
나와서 배고픈 곤충들에게
일찍 활력을 주어요.

화분에 씨앗을 심는 방법

1. 화분에 화분용 배양토를 채워요. 물이 빠질 수 있도록 바닥에 구멍이 뚫린 화분을 사용해야 해요.

2. 씨앗을 얼마나 깊이 그리고 얼마나 거리를 떨어뜨려서 심어야 하는지 알기 위해 씨앗 봉투에 쓰인 지침을 살펴봐요.

3. 씨앗을 배양토에 놓고 배양토를 한 층 더 덮어요.

4. 씨앗에 물을 뿌리되, 너무 많이 주지 말아요!

5. 따뜻하고 햇볕이 잘 드는 곳에 화분을 놓고 정기적으로 배양토를 만져 약간 축축한지 확인해요. 흙이 건조해지면 화분에 물을 줘요.

6. 며칠 또는 일주일 정도 지나면 새싹이 나올 거예요. 씨앗 봉투를 보면 여러분이 얼마나 기다려야 하는지 알 수 있어요.

해바라기
커다랗고 아름다운 꽃을 피우는 해바라기는 벌에게 좋은 먹이가 되며 키우는 재미도 있어요. 누가 가장 키가 큰 꽃을 기를 수 있을까요!

코스모스
이 식물은 씨앗에서 자라기 쉽고 늦여름부터 가을까지 곤충 친화적인 꽃을 많이 피워요.

차이브
차이브는 키우기 쉽고 꿀벌들이 꽃을 매우 좋아해요. 얇고 양파 맛이 나는 잎을 잘라 음식에 양념으로 넣을 수도 있어요.

나만의 새 모이통 만들기

정원의 새들은 먹이를 찾기 어려운 추운 겨울 동안 더 많은 도움이 필요해요.
봄과 여름에는 새 모이통에 여분의 음식을 놓아두어, 새들이 새끼들에게 먹이를
주는 것을 도울 수 있어요. 여기 새들이 어려운 시기를 잘 이겨내도록 도움을 줄,
여러분이 쉽게 만들 수 있는 네 가지 모이통이 있어요.

솔방울 모이통

준비물
- 빈 플라스틱병
- 새가 먹는 여러 씨앗 또는 땅콩
- 끈 또는 정원용 철사

페트병 모이통

1. 어른에게 페트병 꼭대기 근처 양쪽에
   하나씩 작은 구멍 두 개, 그리고 페트병
   밑바닥에 작은 구멍 몇 개를 뚫어달라고
   부탁해요(물이 잘 빠져 씨앗이
   눅눅해지거나 곰팡이가 생기지 않도록
   하기 위해서예요).

2. 어른에게 페트병 옆면에 새 한 마리가
   들어갈 수 있을 만큼 큰 구멍을 내도록
   도와달라고 부탁해요. 구멍이 페트병
   바닥에 너무 가깝지 않아야 해요.
   새 먹이가 모두 떨어질 수 있으니까요.

3. 페트병 윗부분에 있는 구멍에 끈이나
   정원용 철사를 꿰어 끝을 묶어서 모이통을
   나뭇가지에 걸 수 있도록 만들어요.

4. 모이통에 씨앗이나 땅콩을 입구 구멍까지
   채운 뒤 안전한 장소에 걸어두어요.

준비물
- 솔방울
- 라드(동물성 지방이나 식물성 지방)
- 여러 가지 씨앗
- 땅콩
- 끈

솔방울 모이통

1. 솔방울에 끈을 묶어요. 끈은 나뭇가지에
   묶을 수 있을 만큼 충분히 길어야 해요.

2. 손가락을 이용해서 그릇에 라드와 씨앗과
   땅콩을 함께 섞어요. 섞이기 쉽도록 라드를
   실온에서 데워요.

3. 잘 섞인 끈적끈적한 혼합물을 솔방울의
   모든 틈새에 넣어서 전체적으로 발라요.
   냉장고에 한 시간 정도 넣어 굳혀요.

4. 나뭇가지같이 새들이 방문하기에
   안전하다고 느끼는 곳에 모이통을 묶어
   두어요.

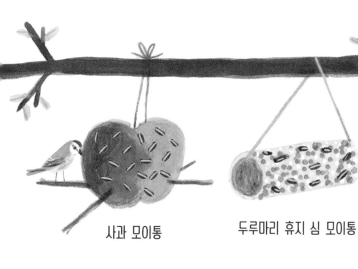

사과 모이통

두루마리 휴지 심 모이통

어떤 새가 여러분이 만든 모이통에 찾아오는지 잘 살펴봐요. 얼마나 많은 새를 볼 수 있나요?

페트병 모이통

준비물
- 사과
- 해바라기 씨앗
- 막대기나 젓가락 또는 낡은 연필 두 개
- 끈

준비물
- 두루마리 휴지 심
- 땅콩버터
- 여러 가지 씨앗
- 끈

사과 모이통

1. 어른에게 사과 씨 도려내는 것을 도와달라고 부탁해요. 사과 씨 제거기가 있으면 더 쉽게 도려낼 수 있어요.

2. 사과 옆면에 막대기 두 개를 밀어 넣어 새들이 올라와 앉을 수 있도록 홰를 만들어요. 막대기가 날카로울 수 있으니 주의해요. 꽂는 것이 어려우면 어른에게 도움을 요청해요.

3. 사과에 해바라기 씨앗들을 눌러 넣어요. 원한다면 무늬가 생기도록 배열해서 장식 효과를 낼 수도 있어요.

4. 사과 구멍에 실을 꿴 다음 끝에 매듭을 지어요. 그 사과를 나뭇가지에 걸어두면 돼요.

두루마리 휴지 심 모이통

1. 휴지 심 전체에 골고루 땅콩버터를 펴 발라요.

2. 접시나 오븐용 구이판에 새 먹이인 씨앗들을 뿌린 뒤, 휴지 심을 굴려 땅콩버터에 씨앗들이 달라붙도록 해요.

3. 휴지 심 가운데에 긴 끈을 통과시켜 양쪽 끝을 묶어 고리를 만들어요.

4. 나뭇가지에 모이통을 걸고 새들이 맛있는 음식을 먹으러 오는 모습을 지켜보아요!

동물들의 겨울나기

동물들은 춥고 어두운 겨울을 각기 다른 방식으로 대처하며 지내요. 여러분은 몇몇 동물이 먹이를 채집하는 반면, 다른 동물은 안전한 곳에 머물러 있거나 더 따뜻한 지역을 찾아 이동하는 것도 알게 될 거예요.

겨울에 적응하기

다람쥐와 같은 몇몇 동물은 겨우내 활동적이에요. 그들은 에너지를 끌어내기 위해 지방을 축적하거나 몸을 따뜻하게 유지하려고 털을 더 두껍고 더 무성하게 자라게 할 수 있어요. 눈이 오는 곳에서는 여우와 산토끼 같은 일부 동물의 털이 눈과 비슷해 보이도록 하얗게 변하기도 해요.

겨울잠 자기

일부 포유류, 조류, 양서류, 곤충들은 겨우내 잠을 자요. 동물이 심박수를 늦추고 다른 신체 기능들 역시 낮추면서 한 번에 몇 달 동안 잠을 잘 때, 그것을 '겨울잠'이라고 해요. 고슴도치는 겨울잠을 자기 위해 은신처에 두껍게 깔린 나뭇잎 둥지 속으로 파고들어요.

따뜻한 곳으로 이동하기

많은 새가 겨울을 나기 위해, 먹을 것이 풍부한 따뜻한 지역으로 날아갔다가 봄에 다시 돌아와요. 그들은 해마다 수천 마일을 날 수 있어요. 그리고 이동하는 본능이 내재되어 있죠. 과학자들은 새들이 태양을 나침반으로 사용하고 자신들의 여러 감각을 따를 뿐만 아니라 지구의 자기장을 감지함으로써 이동하는 길을 찾는다고 생각해요.

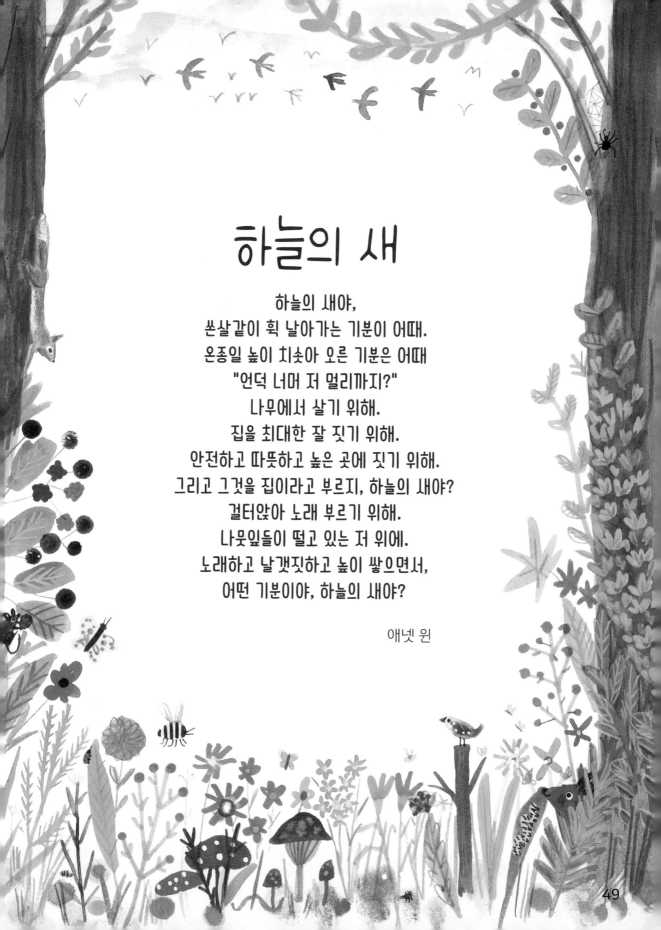

하늘의 새

하늘의 새야,
쏜살같이 휙 날아가는 기분이 어때.
온종일 높이 치솟아 오른 기분은 어때
"언덕 너머 저 멀리까지?"
나무에서 살기 위해.
집을 최대한 잘 짓기 위해.
안전하고 따뜻하고 높은 곳에 짓기 위해.
그리고 그것을 집이라고 부르지, 하늘의 새야?
걸터앉아 노래 부르기 위해.
나뭇잎들이 떨고 있는 저 위에.
노래하고 날갯짓하고 높이 쌓으면서,
어떤 기분이야, 하늘의 새야?

애넷 윈

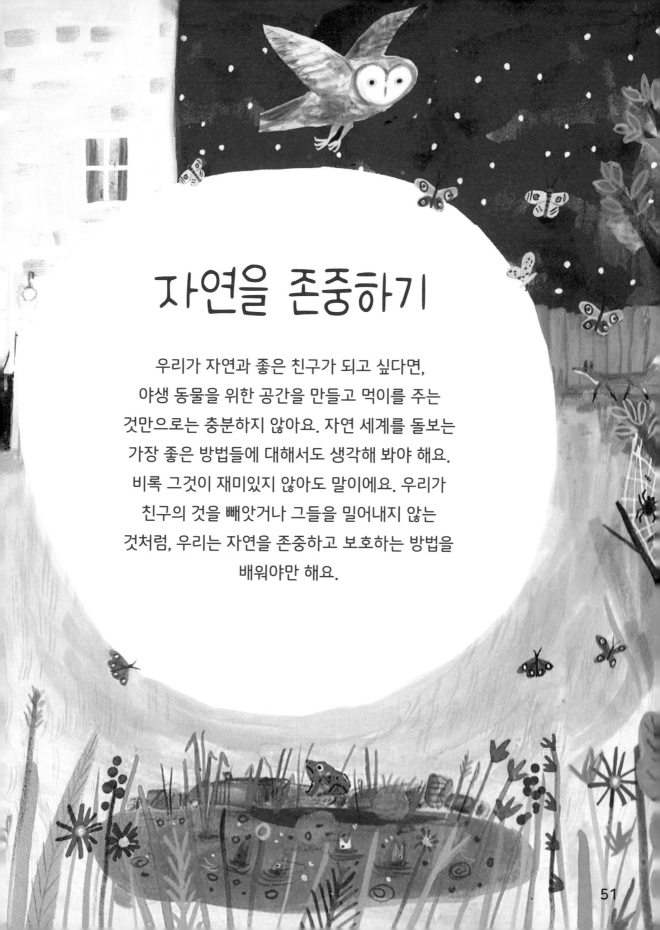

자연을 존중하기

우리가 자연과 좋은 친구가 되고 싶다면,
야생 동물을 위한 공간을 만들고 먹이를 주는
것만으로는 충분하지 않아요. 자연 세계를 돌보는
가장 좋은 방법들에 대해서도 생각해 봐야 해요.
비록 그것이 재미있지 않아도 말이에요. 우리가
친구의 것을 빼앗거나 그들을 밀어내지 않는
것처럼, 우리는 자연을 존중하고 보호하는 방법을
배워야만 해요.

자연의 규범

자연의 규범은 우리가 저마다 마땅히 따라야 할 책임 있는 규칙들이에요.
규범을 지킨다는 것은 모든 사람이 야생 동물에 해를 끼치거나, 농지나
가축에게 손상을 입히거나, 다른 사람들을 다치게 하거나 화나게 하지 않고
야외에서 즐겁게 지낼 수 있음을 의미해요.

다른 사람을 존중해요
- 지역 사회와 야외 활동을 즐기는 다른 사람들을 생각해요.
- 입구와 진입로에 접근하기 쉽도록 주의 깊게 주차해요.
- 사유지가 발견되면 들어가지 말아요.
- 길을 따라가되 좁은 곳에서는 길을 양보해요.

자연환경을 보호해요
- 방문의 흔적을 남기지 말고, 쓰레기를 모두 집으로 가져가요.
- 바비큐를 하거나 불은 피우지 말아요.
- 개를 효과적으로 통제해요.
- 항상 개가 남긴 흔적을 치워요. 개똥은 비닐에 싸서 쓰레기통에 버려요! 개가 농장 동물이나 말 주위에 있을 때는 반드시 줄에 묶여 있어야 해요.

야외 활동을 즐겨요
- 미리 계획을 세우고, 어떤 시설이 열려 있는지 확인하고 준비해요.
- 조언을 따르고 현지에서의 지시 사항을 따라요.

바나나 껍질이 썩어서 사라지는 데 2년이 걸린다는 사실을 알고 있나요? 쓰레기나 음식을 떨어뜨리면 보기 흉하고, 야생 동물들을 해칠 수 있으며 법에 위배되는 일이에요!

누가 숲을 훔쳤나

누가 숲을 훔쳤나
저 신뢰 가득한 숲을?
의심하지 않는 나무들은
자신들의 가시와 이끼를 내어놓았지
그의 환상을 만족시키려고.
그는 그들의 값싼 장신구를 훑어보다가,
호기심에 동해서.
움켜쥐고, 빼앗아 가 버렸지.
근엄한 솔송나무는 뭐라고 할까,
전나무는 뭐라고 말할까?

에밀리 디킨슨

(안전한) 청소부 되기

쓰레기는 자연 세계의 즐거움을 망치고, 더욱더 나쁜 것은 야생 동물에 해를 많이 끼칠 수도 있다는 점이에요. 여러분이 쓰레기를 버리지 않고 쓰레기를 치우면서 세상을 더 나은 곳으로 만들고 자연과 좋은 친구가 될 수 있어요.

쓰레기 줍는 곳
🌿 길을 따라(포장도로를 따라 안전하게)
🌿 바닷가에서
🌿 지역 공원에서
🌿 삼림 지대에서
🌿 시골길을 따라

준비물
• 두껍고 튼튼한 장갑
• 쓰레기 줍는 집게
• 쓰레기봉투들
• 눈에 띄는 안전 재킷 또는 조끼(도로 근처에서 주울 때)

쓰레기를 주울 때 해야 할 일과 하지 말아야 할 일
🌿 플라스틱병과 알루미늄 캔을 **재활용해요.**
🌿 항상 보호 장갑을 착용하고 쓰레기 줍는 집게를 **사용해요.**
🌿 끝나면 손을 **깨끗이 씻어요.**
🌿 어른 없이 혼자 쓰레기를 **줍지 말아요.**
🌿 깨진 유리나 바늘, 주사기 같은 날카로운 물건을 **집지 말아요.**
🌿 확실하지 않은 것은 아무것도 **집지 말아요.** 항상 어른에게 먼저 물어봐요.
🌿 혼잡한 도로, 가파르고 미끄러운 경사면 또는 빠르게 흐르는 강 근처와 같이 위험한 곳에는 **가지 말아요.**

여러분이 친구들과 함께 그룹을 만들거나 쓰레기 줍기 단체의 구성원이 되어 쓰레기를 줍는다면, 여러분은 훨씬 더 큰 영향을 미칠 수 있고 더욱 재미있게 일을 즐길 수 있어요.

플라스틱 문제

플라스틱은 화석 연료의 하나인 석유로 만든 물질이에요. 석유를 시추하는 작업은 많은 에너지를 소모하고 오염을 일으켜요. 우리는 플라스틱으로 만들어진 것들을 매일 사용하죠. 쇼핑백이나 페트병과 같은 많은 물건이 몇 번 사용되지도 않고 버려져요.

"사라지는 건 없어요.
우리가 무엇이든 버리면,
그것은 어딘가 다른 곳으로 갈 뿐이죠."

애니 레너드
환경 운동가이자
환경 지속 가능성 전문가

플라스틱은 분해하는 데 수백 년이 걸리기 때문에 우리가 버리는 모든 플라스틱이 실제로 사라진 것이 아니라 쓰레기 매립지(쓰레기를 묻어두는 거대한 지역)를 채우고 있어요. 일부 쓰레기는 쓰레기 매립지로 가는 대신 태워지기 때문에 대기 오염을 일으키기도 해요.

많은 플라스틱이 바다로 흘러 들어가, 바다 생물들이 플라스틱에 뒤엉키거나 플라스틱을 삼켜서 죽는 경우도 많아요. 플라스틱은 매우 작은 조각으로 분해되어 많은 생물이 먹고 있거든요.

숫자로 본 플라스틱

- 매년 **3억 8천만 톤** 이상의 플라스틱이 생산돼요.
- 생산된 플라스틱의 **40%**는 식품 포장지나 비닐봉지와 같은 일회용 플라스틱이에요.
- 바다에 약 **5조 2천5백억 조각**의 플라스틱과 미세 플라스틱이 있어요.
- 매년 **10만 마리**의 해양 포유류와 거북 그리고 **100만 마리**의 바닷새가 플라스틱 오염으로 인해 죽어요.

줄이기, 재사용, 재활용!

에너지와 플라스틱과 천연자원을 덜 사용하기 위해 여러분이 매일 할 수 있는 많은 일이 있어요. 만약 모든 사람이 사는 방식을 바꾸기 위해 노력한다면, 우리 모두 변화를 가져올 수 있죠. 여러분과 여러분의 가족은 지구를 돕기 위해 얼마나 많은 일을 할 수 있나요?

줄이기

- 물을 적게 써요. 양치질하는 동안 수도꼭지를 틀어놓지 말고, 목욕 대신 짧게 샤워(4분 이내)해요.
- 전기를 덜 사용해요. 전구와 TV 그리고 다른 전자 제품들을 사용하지 않을 때는 꺼두고, 어른들에게 에너지 효율이 좋은 전구를 사용하자고 부탁해요.
- 여행할 때는 걷거나 자전거, 버스 또는 기차를 타요.
- 물건을 적게 사요. 여러분이 정말 필요한 것이 무엇인지 생각해 봐요!

- 음식을 낭비하지 말아요. 여러분 몫은 되도록 다 먹고, 쓰레기통에 아무렇게나 버리지 말아요.
- 육류와 유제품 섭취량을 줄여요. 농작물을 재배하는 것보다 동물을 사육하는 데 훨씬 더 많은 에너지를 사용하거든요. 여러분이 가족들에게 더 자주 육류가 없는 식사를 하자고 부탁해요.

재사용

🖋 다시 사용 가능한 물병과 도시락을
사용해요.

🖋 다시 사용 가능한 쇼핑백을 사용해요.

🖋 공예품을 만들 때 고철 재료들을
재사용해요.

🖋 새 옷을 사는 대신 자선 상점에서 중고 옷과
장난감을 사요.

재활용

🖋 플라스틱, 깡통, 캔, 종이와 판지를
재활용해요.

🖋 헌 옷과 신발을 의류 재활용 은행에
가져가요. 낡은 옷도 새로운 옷으로
재활용될 수 있어요.

🖋 음식물 찌꺼기를 퇴비화해요.

🖋 행사 때마다 새로운 의복을 사는 대신, 옷과
폐품 재료로 나만의 의상을 만들어요.

여러분만의 '줄이기,
재사용, 재활용' 포스터를
디자인해서 모든 사람에게
그들이 할 수 있는 일을
떠올리게 해요.

"젊은이들이여, 정보를 받고 권한을 부여받았을 때, 자신들이 하는 일이
진정으로 변화를 가져올 수 있음을 깨달았을 때, 실제로 세상을 바꿀 수 있습니다."

제인 구달
영국의 침팬지 연구가이자
환경 운동가

자연을 위한 힘찬 목소리

누군가가 여러분의 친구 중 한 명에게 심술궂게 굴거나 부당하게 대하면, 여러분은 그런 사람들에게 맞서나요? 누구나 자신의 편을 들어줄 사람이 있어야 하고, 자연도 그럴 자격이 있어요! 다만 자연은 스스로 말할 수 없기 때문에, 사람들에게 필요한 말을 확실히 들려주는 것이 우리의 일이에요. 만약 보잘것없는 한 사람이 도울 수 있는 일은 많지 않다고 생각한다면, 여기 그러한 마음을 바꿀 몇 가지 아이디어가 있어요.

중요한 여러분의 목소리

여러분이 아무리 어리더라도, 자연 세계를 위해 늘 목소리를 낼 수 있어요.
어려운 과제처럼 보일 수 있지만, 여러분의 목소리를 전달하는 것이 중요해요.
다음과 같은 활동들을 시도하면서 시작해 보는 건 어떨까요?

포스터 만들기

A4 용지나 A3 용지 한 장에 사람들에게
자연을 돌봐야 하는 이유를 알려 주는
대담하고 다채로운 포스터를 만들어 봐요.
포스터를 창문 위에 올려놓을 수도 있어요.
여러분의 메시지는 무엇인가요?

몇 가지 아이디어
- 줄이기, 재사용, 재활용!
- 플라스틱은 야생 동물들을 해쳐요. 그러니
  제발 쓰레기를 버리지 말아요!
- 자동차 여행은 지구를 오염시켜요. 그러니
  되도록 걷거나 자전거를 타요!

여러분이 전달하고 싶은 또 다른
메시지가 있나요? 다른 포스터들을
만들어 한 번에 하나씩 전시하거나
친구나 가족에게도 전시해 달라고
요청해요. 사람들이 지나가다 멈춰서
쳐다볼 만큼 눈길을 사로잡는 그림을
넣는 것도 잊지 말아요.

학교에 친환경적 방향을 요청하기

학교가 자연과 친구가 될 수 있는 많은 방법이
있어요. 학교 전체가 함께할 방법에 대한
아이디어를 갖고 있다고 선생님에게 말해요.

여러분의 학교는 아마 다음과 같은 일을 할 수
있을 거예요.

🌱 방과 후 환경 클럽을 만들어요.
🌱 재활용을 더 많이 수행해요.
🌱 학교 급식 계획에 '고기 없는 월요일'을 넣어요.
🌱 자연 보호 구역을 가꾸어요.
🌱 학교 급식과 요리 수업에 사용할 채소밭을
   가꾸어 식품 이동 거리를 줄여요.

여러분의 친구들과 가족들에게
자연을 보호하는 것이
왜 중요하고 필요한지를
이야기해요. 그것은 인식을
바꾸는 데에 많은 도움이 될
거예요.

"내가 할 수 있는 최소한의 일은, 스스로 말할 수 없는 사람들을 위해 말하는 것입니다."

제인 구달

모금 돕기

지구에는 자연을 보호하기 위해 일하는 많은 자선 단체가 있어요. 여러분도
기부금 모금을 위해 도전할 수 있어요. 여러분에게 중요한 자선 단체를 위해
기부금을 모으고 인식을 높이기 위해서지요.

여러분이 할 수 있는 도전 과제에 대한 몇 가지 아이디어

🍃 기부금 모금을 위한 달리기, 걷기, 자전거 타기, 수영(도전이라고 느낄만한 거리).

🍃 기부금 모금을 위한 쓰레기 줍기. 여러분은 100개의 쓰레기를 주울 수 있나요?(이 도전은 자선기금을 모으는 것뿐만 아니라 환경에도 도움이 돼요.)

🍃 기부금 모금을 위한 침묵시위. 여러분은 온종일 조용히 있을 수 있나요?

🍃 기부금 모금을 위한 그림 그리기. 여러분은 멈추지 않고 얼마나 오랫동안 그림을 그릴 수 있나요? 후원자들에게 원하는 그림을 선택하라고 요청해서 여러분이 그려 줘요.

"분명히 우리는 모두 우리의 푸른 행성(지구)을 돌볼 책임이 있습니다.
인류의 미래와 지구의 모든 생명체는 이제 우리에게 달려 있습니다."

데이비드 애튼버러 경
영국의 세계 자연 다큐멘터리 작가이자
진행자

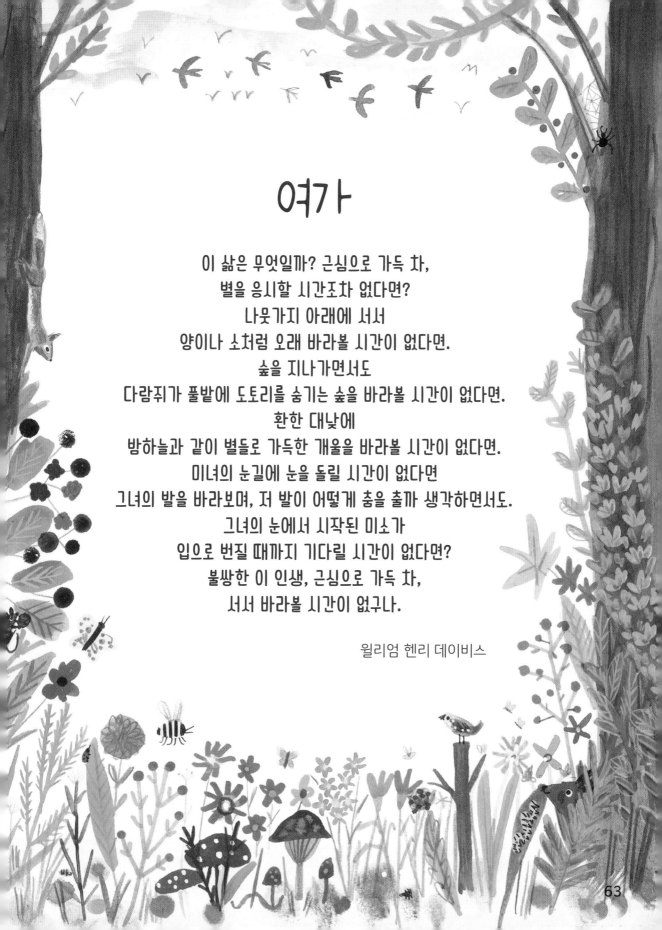

여가

이 삶은 무엇일까? 근심으로 가득 차,
별을 응시할 시간조차 없다면?
나뭇가지 아래에 서서
양이나 소처럼 오래 바라볼 시간이 없다면.
숲을 지나가면서도
다람쥐가 풀밭에 도토리를 숨기는 숲을 바라볼 시간이 없다면.
환한 대낮에
밤하늘과 같이 별들로 가득한 개울을 바라볼 시간이 없다면.
미녀의 눈길에 눈을 돌릴 시간이 없다면
그녀의 발을 바라보며, 저 발이 어떻게 춤을 출까 생각하면서도.
그녀의 눈에서 시작된 미소가
입으로 번질 때까지 기다릴 시간이 없다면?
불쌍한 이 인생, 근심으로 가득 차,
서서 바라볼 시간이 없구나.

윌리엄 헨리 데이비스

자연을 구한 실제 영웅들

지구를 구하기 위해 모든 것을 할 수 있는 사람은 없지만, 모든 사람은 무언가를 할 수 있어요. 다음과 같이 용기를 주는 아이들은 어른이어야만 변화를 일으킬 수 있다고 생각하지 않았어요. 그들은 문제를 해결하기 위해 지금 무엇을 할 수 있는지 살펴보았어요. 그들의 노력은 그들이 자연의 진정한 친구라는 사실을 보여 주었어요.

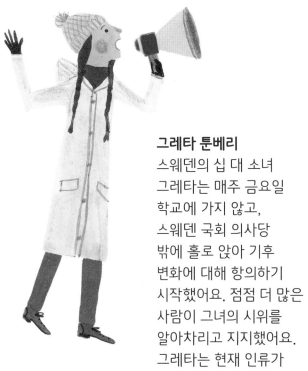

그레타 툰베리
스웨덴의 십 대 소녀 그레타는 매주 금요일 학교에 가지 않고, 스웨덴 국회 의사당 밖에 홀로 앉아 기후 변화에 대해 항의하기 시작했어요. 점점 더 많은 사람이 그녀의 시위를 알아차리고 지지했어요. 그레타는 현재 인류가 지구를 어떻게 해치고 있는지에 대해 대담하게 말한 것으로 세계적으로 유명하며, 어떻게 해야 하는지에 대해 세계 지도자들과 이야기를 나누었어요. 그녀는 전 세계 100만 명 이상의 어린이들에게 기후 변화에 대해 항의하도록 영감을 주었어요.

"저는 여러분이 변화를 일으키기에 절대 어리지 않다는 사실을 알게 되었어요."
그레타 툰베리
기후 운동가

리신 무툰케이
이 십 대 축구 선수는 자연을 사랑해요. 고향인 아프리카 케냐에서 매일 더 많은 나무가 베어지고 있다는 소식을 들은 뒤, 그는 그것에 대해 뭔가를 하기로 결심했어요. 골을 넣을 때마다 나무를 심겠다고 다짐했죠.
그는 '트리즈4골즈(Trees4Goals)'를 설립하고 친구, 가족, 지역 학교 아이들의 도움으로 더 많은 나무를 심고 있어요.
여러분은 환경을 보호하기 위해 사용할 수 있는 취미가 있나요?

릴리 플랫

네덜란드에서 온 이 11세 아이는 플라스틱 오염을 끝내겠다는 사명감이 있어요. 그가 7살 때 네덜란드로 이사했을 때, 새로운 언어를 배우는 것을 돕기 위해 그녀의 할아버지와 플라스틱 쓰레기를 주워서 세기 시작했어요. 그녀는 얼마나 많은 쓰레기가 있으며, 플라스틱이 바다로 쓸려 들어간다면 얼마나 큰 피해를 입을까 하는 생각에 충격을 받았어요.

그때부터 릴리는 10만 개라는 믿을 수 없을 만큼 많은 플라스틱 조각을 주웠어요. 릴리는 훨씬 더 큰 변화를 일으키기 위해, 청소 단체를 조직해서 변화를 일으키기 위해, 무엇을 할 수 있는지를 다른 사람들에게 알리기 위해 학교마다 다니며 강연해요.

에이미 미크와 엘라 미크

영국의 자매인 에이미 미크와 엘라 미크는 플라스틱 오염에 대한 인식을 높이고 다른 어린이들이 쓰레기를 줍도록 격려하기 위해, '플라스틱에 대항하는 아이들(Kids Against Plastic)'이라는 자선 단체를 설립했어요. 그들은 슈퍼마켓이 일회용 플라스틱병 대신 플라스틱이 아닌 대체품을 비축해 두도록 하기 위해서도 노력하고 있죠. 다른 사람들이 행동을 취하도록 도울 뿐 아니라, 그들은 직접 6만 개 이상의 플라스틱 쓰레기 조각들을 주우면서 헤아리고 있어요.

자연 속 친구

만약 여러분이 이 책에 나온 맹세를 지키고 여러 활동을
시도했다면, 여러분은 자연과 꽤 좋은 친구가 된 거예요. 정말
잘했어요! 하지만 우정은 한 방향으로만 가는 것이 아니라는
사실을 알고 있나요? 여러분이 자연에서 시간을 보내면서 주변의
모든 멋진 것들에 관심을 기울인다면, 여러분은 자연이 돌려줄 것을
많이 가지고 있다는 사실을 알게 될 거예요.

우리가 스트레스를 받거나 불안하거나 슬플 때 자연은 우리에게
조용히 생각하고 진정할 수 있는 공간을 내어 줄 수 있어요. 우리가
행복하고 신나서 펄쩍펄쩍 뛸 때도, 자연은 그에 알맞은 공간을
내어 주죠. 이것은 우리가 단지 커다란 행성의 작은 일부분이라는
사실을 보여 줘요. 자연은 친구가 많지는 않지만 항상 여러분을
위해 시간을 내어 준답니다.

생각할 공간, 느낄 공간

여러분은 마음속에 너무 많은 감정이 쌓여서 그것이 폭발할 필요가 있다고 느껴
본 적이 있나요? 자연은 이야기를 아주 잘 들어 주는 훌륭한 친구예요. 여러분이
소리를 지르고 울부짖으며 감정을 표출하거나 자기 생각을 속삭일 조용한 장소를
자연에서 찾을 수 있어요. 가만히 앉아서 여러분 주위에 펼쳐진 자연 세계를 보거나
자연의 아름다움을 탐험하고 발견할 수 있고요.

"땅은 너의 맨발을 느끼기를 좋아하고 바람은 너의 머리카락을

가지고 놀고 싶어 한다는 사실을 잊지 말아라."

칼릴 지브란
레바논 태생의 미국 작가, 시인, 철학자

자연 명상

1. 자연에서 고요하고 안전한 곳을 찾아요. 숲속 개간지나 풀로 덮인 공원, 뒤뜰도 좋아요.

> "자연과 함께하는 모든 걸음에서, 사람은 자신이 추구하는 것보다 훨씬 더 많은 것을 받는다."
>
> 존 뮤어
> 자연주의자

2. 등을 곧게 펴고 책상다리로 앉아 양팔을 옆으로 가볍게 내려뜨려요. 이런 식으로 앉을 수 없다면, 여러분이 편안하게 긴장을 풀 수 있는 자세를 취하면 돼요.

3. 눈을 감고 코로 깊고 느리게 숨을 들이마셔요. 천천히, 이제 입으로 숨을 천천히 내뱉어요. 들이마셨다가… 내뱉고, 들이마셨다가… 내뱉고…

4. 앉아서 자연의 소리에 귀 기울여요. 무슨 소리가 들리나요? 새들이 지저귀고, 바람이 휭 불며, 나뭇잎이 바스락거리는 소리가 들리죠… 자연이 여러분 주변을 감싸고 있으며, 여러분은 자연의 일부가 돼요.

5. 숨을 쉴 때, 신선한 공기가 가슴을 가득 채우는 것을 느껴 봐요. 어떤 향기가 나는지 생각해 봐요. 아마도 갓 잘린 풀 냄새, 꽃향기, 가을 나뭇잎 냄새, 먼지 이는 땅에 내리는 비 냄새 등이 느껴질 거예요.

6. 앉아 있으면서, 여러분의 모든 걱정이 어깨에 기대어 쉬는 나비라고 상상해 봐요. 깊게 호흡할 때마다, 걱정을 벗어 던지고 나비가 펄럭이며 날아가듯 흩날려 버려요.

자연에서의 하룻밤

자연을 즐기는 가장 좋은 방법의 하나는 가족들과 밖에서 시간을 보내는 거예요. 서로 얘기하고 즐기며 세상 돌아가는 것을 바라보는 시간이죠. 자연에서 보내는 시간이 길어질수록, 우리가 자연의 일부라는 사실을 더 많이 느껴요. 그러니 뒷마당에서 캠핑하며 야외에서 밤을 지내보는 건 어떨까요?

비가 조금 온다고 해서 정원에서 캠핑하는 것을 미루지 말아요! 보송보송한 텐트 안에서 텐트 위로 빗방울이 투둑 투둑 떨어지는 소리를 들으면 매우 아늑한 기분을 느낄 수 있거든요.

3. 이부자리에 포근하게 엎드려, 열어둔 텐트로 밖을 내다볼 수 있도록 해요. 조용히 가만히 있어요. 무슨 소리가 들리나요? 밤에는 어떤 냄새가 나는 것 같나요? 야행성 동물이 나왔나요? 오늘 밤 달이 떴나요?

4. 잠잘 준비를 하고 텐트의 지퍼를 채운 뒤에, 야외에 나와서 가장 좋은 점들을 나열해 볼 수 있나요? 번갈아 말하면서 얼마나 많은 것을 생각해 낼 수 있는지 헤아려 보아요.

1. 함께 텐트를 치고, 캠프 매트와 침낭이나 포근한 이불을 넣어요. 밤에는 밖이 추워질 수 있어요! 손전등을 가져오는 것을 잊지 말아요.

2. 캠프용 스토브나 바비큐용 그릴이 있다면, 밖에서 음식을 만들어요. 야외에서 먹으면 음식 맛이 색다르게 느껴지죠?

중요한 정보

만약 텐트가 없다면, 가족이나 친구들에게 빌려줄 수 있는 텐트가 있는지 물어봐요. 항상 새로운 물건을 사는 것보다 물건을 공유하는 것이 환경에 더 좋아요.

"마음이 쓰이지 않는 것을 보호하는 사람은 없으며, 경험하지 못한 것에 마음을 쓰는 사람은 없습니다."

데이비드 애튼버러 경

자연 요가

여러분은 자연의 일부라는 사실을 명심해요. 쉬운 자연 요가 자세를 따라 몸을
쭉 펴고, 한 자세에서 다음 자세로 모양을 바꿀 때 그 자세의 동물과 식물이
되었다고 상상해 봐요. 편안함과 에너지가 느껴질 거예요. 매트나 피크닉
담요가 필요할 수도 있어요.

씨앗 자세
씨앗처럼 몸을 작게 웅크려요. 여러분
안에 있는 에너지가 세상으로 나아갈
준비를 한다고 상상해 봐요.

새 자세
한쪽 다리를 뒤로 뻗고 양팔을 옆구리에
붙여요. 여러분이 멀리 육지 위로
솟구치며 바람을 타고 날고 있다고
상상해 봐요.

나무 자세
나무처럼 우뚝 서요. 한쪽 다리로
균형을 잡고 서서, 뿌리가 땅속 깊이
파고들며 여러분을 단단히 붙잡고
있다고 상상해 봐요.

검은 표범 자세
무릎을 꿇고 등을 아치형으로 구부려요.
여러분이 숲속을 어슬렁거리는 사나운
사냥꾼이라고 상상해 봐요.

늑대 자세
여러분의 양팔과 양다리를 바닥에
곧게 펴고, 배를 공중으로 들어 올려요.
여러분은 지하 굴에 틀어박혀 오랫동안
잠을 잔 뒤에 깨어나 기지개를 켜는
늑대예요.

뱀 자세
양다리를 바닥에 대고 엎드렸다가
상체를 꼿꼿이 세워 양팔을 곧게 펴요.
여러분은 일광욕하면서 공기의 맛을
즐기고 있는 뱀이에요.

개구리 자세
두 손을 앞으로 땅에 대고 쪼그리고
앉아요. 여러분이 시원하고 고요한 연못
둑에서 벌레를 잡으려고 지켜보면서
경계하는 개구리라고 상상해 봐요.

대지 자세
양팔과 양다리를 편안하게 하고
땅에 등을 대고 누워요. 천천히, 숨을
들이쉬었다가… 내쉬고, 들이쉬었다가…
내쉬어요. 눈을 감고 얼굴에 부딪는
산들바람을 느껴 봐요. 여러분은 대지의
일부이고 대지에서 자라나는 모든
것이에요.

"나는 자연으로 가서 마음을 달래고 치유하며, 내 모든 감각을 정돈합니다."

존 버로스
자연주의자

특별한 자연의 장소 선택하기

엄마, 아빠, 할머니 또는 여러분을 돌보는 특별한 누군가와 함께, 정원이나 지역 공원 또는 여러분이 방문하고 싶은 특별한 야외 장소를 찾아 떠나요. 여러분이 좋아하는 나무 아래나 전망이 좋은 벤치가 될 수도 있겠죠. 이러한 장소에 나만의 특별한 이름을 지어 줘요. 조용한 순간이 필요하다고 느껴질 때마다 나만의 특별한 자연 장소를 방문해요.

모든 계절을 만끽하기

자연의 가장 좋은 점 중 하나는, 자연은 여러분처럼 항상 변하고 있다는 사실이에요. 계절이 바뀔 때마다 펼쳐지는 다른 광경, 소리, 냄새에 주의를 기울여요. 때로는 춥고 습하다고 느낄 수도 있지만, 물웅덩이에서 발을 구르거나 혀에 앉는 눈송이를 맛볼 수도 있어요. 또한 사랑스럽게 따뜻한 태양과 상쾌한 바람을 느낄 때도 있고 맨발로 잔디를 느끼며 즐거워할 수도 있죠. 자연이 주는 모든 것을 포용하려고 시도해 봐요.

걱정 산책

때때로, 우리를 걱정하거나 불안하게 만드는 상황들이 생겨요. 학교나 집의
상황이 바뀌었을 수도 있고, 그래서 여러분은 어떻게 대처해야 할지 몰라
당황스러울 수도 있죠. 만약 어떤 문제가 여러분을 괴롭힌다면, 여러분이
편하게 털어놓을 수 있는 어른과 함께 '걱정 산책'을 해 봐요.
걱정 산책을 하면서, 우리는 걱정거리를 서로 번갈아 얘기할 수 있어요.
때로는 상대가 상황을 나아지게 만드는 방법을 생각하는 데에 도움을 줄
수도 있죠. 가끔은 그냥 우리의 걱정거리를 소리 내어 말하는 것만으로도
상황이 그렇게 나쁘지 않다고 느끼게 돼요. 걱정 산책의 가장 좋은 점은 계속
이야기할 필요가 없다는 거예요. 그저 함께 걸으면서 주변의 자연을 둘러봐도
좋으니까요.

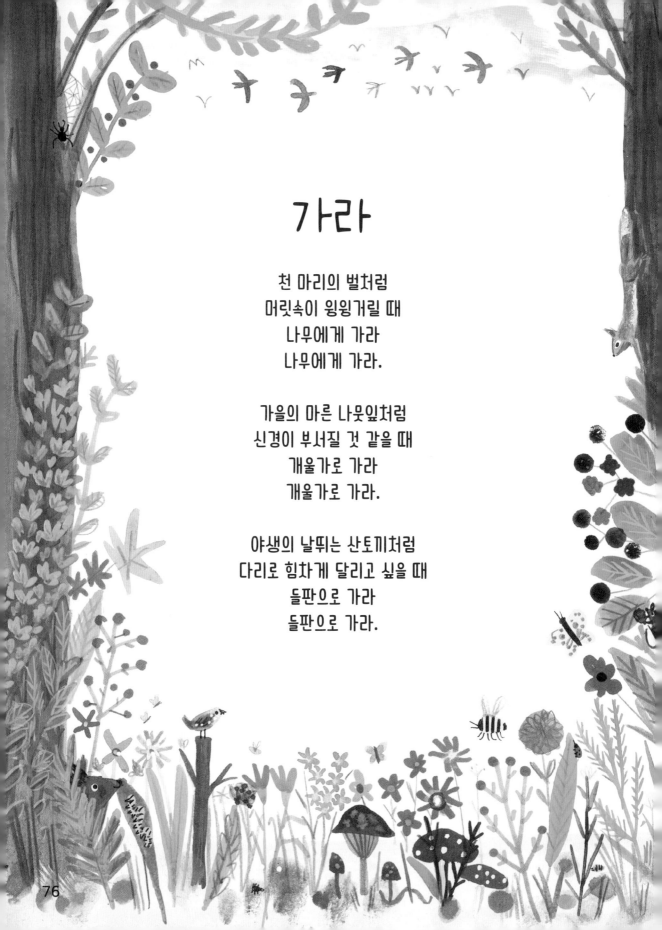

가라

천 마리의 벌처럼
머릿속이 윙윙거릴 때
나무에게 가라
나무에게 가라.

가을의 마른 나뭇잎처럼
신경이 부서질 것 같을 때
개울가로 가라
개울가로 가라.

야생의 날뛰는 산토끼처럼
다리로 힘차게 달리고 싶을 때
들판으로 가라
들판으로 가라.

공중의 새처럼
심장이 치솟을 때
언덕으로 가라
언덕으로 가라.

게임은 지루하게 느껴지고
아무것도 할 게 없을 때
문밖으로 나가라
문밖으로 나가라.

자연이 기다리고 있으니까.
당신을 부르고 있으니까.

로라 놀스

자연 관련 상식 퀴즈

01. 다 자란 나비는 알을 낳는데, 알껍데기를 뚫고 나온 애벌레는 껍데기를 갉아 먹어요. (○, ×)

02. 나비의 애벌레는 몸집이 작아지기 위해서 허물벗기를 꼭 해요. (○, ×)

03. _____는 가상의 선으로 몇 개의 별을 이어 사물이나 인물, 동물을 연상하도록 이름을 붙인 거예요.

04. 두꺼비알들은 방울방울 덩어리를 이루어 물에 떠 있어요. (○, ×)

05. 개구리의 피부는 건조하고 오돌오돌 돌기가 있어요. (○, ×)

06. 개구리는 겨울이 오면 서서히 활동을 중단하고 _____을 잘 수 있는 은신처를 찾아요.

07. 둥지 상자는 직사광선을 피하고, 고양이나 다른 포식자의 손이 닿지 않는 안전한 곳에 놓아야 해요. (○, ×)

08. 수술의 꽃밥에서 만들어진 꽃가루가 암술머리로 옮겨지는 것을 꽃가루받이라고 해요. (○, ×)

09. 곤충, 새, 박쥐와 같은 동물들이 꽃에서 꽃으로 옮겨 다니며 꽃가루받이를 도와요. (○, ×)

10. 얇고 양파 맛이 나는 해바라기 잎을 잘라 음식에 양념으로 넣을 수도 있어요. (○, ×)

11. 많은 새가 겨울을 나기 위해, 먹을 것이 풍부한 따뜻한 지역으로 날아갔다가 봄에 다시 돌아와요. (○, ×)

12. 플라스틱은 화석 연료의 하나인 _____로 만든 물질이에요.

13. 쓰레기는 야생 동물에 해를 많이 끼칠 수 있어요. (○, ×)

14. 플라스틱은 분해하는 데 10년이 걸려요. (○, ×)

15. 바다 생물들이 플라스틱에 뒤엉키거나 플라스틱을 삼켜서 죽는 경우가 많아요. (○, ×)

16. 매년 10만 마리의 해양 포유류와 거북 그리고 100만 마리의 바닷새가 _____ 오염으로 인해 죽어요.

17. 전기를 덜 사용하기 위해 전구와 TV 그리고 다른 전자 제품들을 사용하지 않을 때는 꺼두어요. (○, ×)

18. 행사 때마다 새로운 의복을 사는 대신, 옷과 폐품 재료로 나만의 의상을 만들면 좋아요. (○, ×)

19. 어린이는 어리기 때문에 자연을 위해 할 수 있는 일이 없어요. (○, ×)

20. 자연을 즐기는 가장 좋은 방법의 하나는 가족들과 밖에서 시간을 보내는 거예요. (○, ×)

정답

01 ○   02 ×   03 별자리   04 ×   05 ×   06 겨울잠   07 ○   08 ○   09 ○
10 ×   11 ○   12 석유   13 ○   14 ×   15 ○   16 플라스틱   17 ○   18 ○
19 ×   20 ○

자연 관련 단어 풀이

알베르트 아인슈타인 : 독일 태생의 미국 이론 물리학자(1879~1955)로, '특수 상대성 원리', '일반 상대성 원리', '광양자 가설', '통일장 이론' 등을 발표하면서 과학뿐만 아니라 철학에도 엄청난 영향을 끼침. 1921년에 노벨 물리학상을 받음.

은신처 : 몸을 숨기는 곳.

암술머리 : 속씨식물에서 암술의 꼭대기에 있어 꽃가루를 받는 부분.

꽃실 : 수술대. 수술의 꽃밥을 떠받치고 있는 가느다란 줄기.

씨방 : 식물의 암술대 밑에 붙은 통통한 주머니 모양의 부분으로 그 속에 밑씨가 들어 있음.

한살이 : 생물이 세상에 태어나서 어린 시절을 거쳐 성장하여 자손을 남기고 죽을 때까지의 과정.

허물벗기 : 탈피. 파충류, 곤충류 따위가 자라면서 허물이나 껍질을 벗음.

번데기 : 곤충의 애벌레가 어른벌레가 되는 과정 중에 한동안 아무것도 먹지 아니하고 고치 같은 것의 속에 가만히 들어 있는 몸.

탈바꿈 : 변태. 곤충이 자라면서 모양이나 형태를 바꾸는 것. 또는 그런 과정.

라빈드라나트 타고르 : 인도의 시인(1861~1941)으로, 아시아 최초의 노벨문학상 수상자. 인도의 문화와 정신을 세계에 알린 작가.

칼 세이건 : 미국의 천문학자(1934~1996)로, 20세기 천문학 연구와 과학의 대중화에 크게 기여한 인물. 그의 저서 《코스모스》는 천문학의 세계를 대중적 언어로 쉽게 설명한 과학서적으로 유명함.

포식자 : 다른 동물을 먹이로 하는 동물.

양서류 : 어릴 때는 물속에서 아가미로 숨을 쉬며 살고 성장하면 땅 위에서 폐와 피부로 숨을 쉬며 살아서, 두 곳에서 산다는 의미로 양서류라 불림. 물고기 등의 어류와 악어 등의 파충류의 중간으로, 대표적인 동물로 개구리와 두꺼비, 맹꽁이 등이 있음.

테라 코타 : 점토를 구워 기와처럼 만든 건축용 도기. 작은 구멍이 송송 뚫려 있는데 장식하는 데에 씀.

펠릿 : 올빼미와 같은 맹금류들이 먹이를 통째로 먹고, 소화되지 않는 뼈나 털 같은 것이 뭉쳐져 뱉어낸 것. 모래주머니(근위)라고 불리는 소화 기관에서 만들어냄.

꽃가루받이 : 수분. 수술의 꽃밥에서 만들어진 꽃가루가 암술머리로 옮겨 붙는 일. 바람과 곤충, 새, 또는 사람의 손에 의해 이루어짐.

밑씨 : 꽃식물 꽃의 암꽃술에 있는 중요 기관. 정받이한 뒤에 자라서 씨가 되는 것으로, 속씨식물에서는 씨방 안에 생기고, 겉씨식물에서는 밖으로 드러나 있음.

제인 구달 : 영국의 동물학자이자 환경운동가로, 탄자니아에서 40년 동안 침팬지를 연구하여 침팬지가 도구를 사용하고, 사회생활을 한다는 사실을 밝혀냄.

식품 이동 거리 : '푸드 마일'이라 불리며, 식품이 생산지에서 생산, 운송, 유통을 거쳐 소비자의 식탁에 오르기까지의 이동 거리.